Daniel y Luz:

Para ustedes con amor y luz porque las bendiciones estan ya dadas

Arturo y Leonor
Dic 2000

حرف و گفت و صوت را بر هم زنم

LAS BENDICIONES YA EXISTEN

OTRAS OBRAS DE JOHN MORTON:

(las que no aparezcan en castellano solamente están disponibles en inglés)

Are you willing to Be God? (Audio)
Attunement to God (vídeo con Laren Bright)
Being Human and Spiritual (vídeo con Laren Bright)
Dream Journeys (audio; lee John Morton)
Dreams, Wayshowers and Natural Knowing (vídeo con Laren Bright)
Everyday Soul (vídeo con Laren Bright)
Gathering of Peacemakers (audio con Leigh Taylor-Young)
¿Cómo podemos seguir al Cristo? (audio)
En el linaje del Viajero (audio con traducción simultánea al portugués)
Los Mundos Internos de la Meditación (audio con John-Roger)
- Introducción a la meditación y a los ejercicios espirituales
- Meditación de la flama
- Meditación de los rayos de color de la luz
- Meditación del agua

The Law of Cause and Effect (vídeo con Laren Bright)
Letting you in (audio)
Light and Sound, A Children's Story (audio; lee John Morton)
Vivir una vida necesaria (vídeo/audio con Laren Bright)
Moments of Peace—Sending Light and Peace Around the Planet (vídeo con John Morton)
Dinero: Gran espejo de la consciencia (audio con John-Roger)
- En Dios Confiamos
- Sembrando para la cosecha

Dinero: Gran espejo de la consciencia (vídeo)
Pat V Seminars and Meditations (audio y vídeo)
Pat V (audio con John-Roger)
- What Makes a Marriage?
- Listening for the Lord

Playing a Round with God (vídeo)
Responsibility (vídeo con Laren Bright)
The Season of Harvest (audio)
Solving Here and Now (vídeo con Laren Bright)
Who Am I? (vídeo con Laren Bright)

Para más información favor dirigirse a:

MSIA®
P.O. Boxo 513935
Los Angeles, CA 90051-1935
EE.UU.
323/737-4055
alma@msia.org www.msia.org www.theblessings.org

Las bendiciones ya existen

John Morton

M

Mandeville Press
Los Angeles, California

Traducción de Selene Soler Schoettler
Se agradece la colaboración de Sylvia Giussani

Publicado por Mandeville Press
P.O. Box 513935
Los Angeles, California 90051-1935
EE.UU.
323/737-4055
alma@msia.org
jmbooks@msia.org
www.mandevillepress.org
www.theblessings.org

Impreso en los Estados Unidos de América
ISBN 1-893020-02-9

Número de Tarjeta del Catálogo de la Biblioteca del Congreso: 00-100671

Agradecemos a quienes aparecen a continuación, y que permitieron que sus obras fueran incluidas en este libro:

Citas de EL PROFETA de Kahlil Gibran
Copyright 1923 Kahlil Gibran y renovada en 1951 por
Administrators C T A of Kahlil Gibran Estate y Mary G. Gibran
Publicado con permiso de Alfred A. Knopf, Inc.

Citas de THE KABIR BOOK de Robert W. Bly
Publicadas con permiso de Beacon Press © 1971

Citas de THE ESSENTIAL RUMI traducidas por Coleman Barks con John Moyne
Publicadas con permiso de Threshold Books © 1995

Cita de Rumi traducida al farsi por los calígrafos Nasser Marghzar y Siamak Marghzar
Asistencia con la cita en farsi: Siamak y Tomi Jean Yaghmai
Interpretación: Mehdi Sarreshtehdári
Caligrafía: Nasser Marghzar y Siamak Marghzar

Para John-Roger

INDICE

PROLOGO

En 1978, un hombre joven y sin pretensiones se presentó en mi casa y declaró que venía a trabajar conmigo y a dedicar su vida al Espíritu. Me pareció serio y sincero, y vi, con la forma que tengo de ver esas cosas, que estaba seguro de lo que decía. Por lo menos lo estaba en ese momento.

Como el trabajo que hago me ocupa prácticamente las 24 horas del día, siete días a la semana, pensé vamos a ver cuánto tiempo le va a durar esta dedicación. Ha durado mucho tiempo. Tanto, en verdad, que lo identifiqué como uno de mis héroes y modelos en mi libro *El guerrero espiritual: el arte de vivir con espiritualidad.*

Pienso que parte de la razón por la cual la devoción de John Morton a la tarea de demostrar la presencia del Espíritu ha durado tanto tiempo se debe a su devoción inquebrantable al Dios que mora en su corazón, y a su deseo de ver las bendiciones en todas las instancias. Esta es una cualidad admirable, en medio de los desafíos de la vida, e invito a cada persona a que la desarrolle y la refuerce.

Cuando John me dijo que estaba escribiendo un libro sobre las bendiciones de la vida pensé: "Qué apropiado", porque he observado que John tiene una habilidad extraordinaria de impartir la esencia de las bendiciones a través de sus palabras. En mi experiencia, cada vez que John expresa una bendición, el Espíritu se hace presente de forma muy tangible. Es una habilidad nada común. Y que John haya decidido compartirla a través de este hermoso libro la convierte en un regalo para ti y para todos los que lo lean.

Como con cualquier otra manifestación del Espíritu, hace falta la cooperación de ambos lados: el Espíritu se presenta, y hay una cierta responsabilidad por parte de quien recibe de ubicarse en posición de recibir. Así que te invito a que, cuando leas este libro, vayas más allá de la belleza del diseño, más allá de las palabras, y te abras a recibir la esencia de lo que está presente. Hay mensajes profundos en estas páginas. Más aún, hay una profunda experiencia de inspiración a tu disposición.

Sé que el contenido de estas páginas surgió del corazón de John. Tengo la esperanza de que abrirás tu corazón y lo recibirás con todo el amor que John puso en ellas.

John Morton ha sido una de las bendiciones de mi vida. Es mi deseo que, a través de este libro, se transforme en una de las bendiciones de tu vida.

Baruch Bashan.
John-Roger

INTRODUCCION

HE DESCUBIERTO que los aspectos más profundos y significativos de mi vida son, a menudo, los que al principio parecían ordinarios y sin consecuencias. El origen de las bendiciones en mi vida está ubicado en lo profundo, más allá de cualquier habilidad o conocimiento que yo tenga o no, más allá de cualquier circunstancia o suerte, más allá de todo lo que pueda ser considerado como una causa o un efecto. El origen continúa siendo invisible y desconocido y, sin embargo, es el aspecto más real de mi vida. Bendito sea Dios.

Mi deseo de conocer ese Origen, de conocer a Dios, me ha llevado a saber que las bendiciones de Dios, los cambios que suceden para el bien mayor, están presentes aún cuando no se ven y no se manifiestan. La inminencia de las bendiciones me ha conducido a compartir mi experiencia contigo en este libro. La Biblia nos dice: "Buscad primero el reino (de Dios), y su justicia, y todas estas cosas se os darán por añadidura".[1] Así que con-

1. Mateo 6:33

sidero mi búsqueda de Dios y del bien que es la esencia, como la clave para hacer realidad las bendiciones y todo lo que es verdad.

Cuando se estaba aproximando el momento de mi graduación de la universidad en 1972, pensaba que debería saber qué iba a hacer con el resto de mi vida, que debería tener algún tipo de plan claro de qué carrera seguiría, hacia dónde me dirigiría, y con quién la iba a compartir. No lo sabía, y afortunadamente me di cuenta de que necesitaba aprender algunas cosas sobre quién era yo, antes de embarcarme en el camino de vida que iba a elegir. Pero no tenía ni idea de qué necesitaba saber, ni cómo averiguarlo, ni a quién preguntarle. Así que busqué y recé a alguien o algo que no conocía en lo exterior. Tenía confianza que a quien le rezaba sabría realmente, y de alguna manera me guiaría o me daría las respuestas.

En 1974, un compañero en el servicio de guardabosques me comentó acerca de un seminario de consciencia espiritual que estaba tomando. En ese momento supe que estaba en contacto con mi respuesta. Ese conocimiento me guió a John-Roger y al Movimiento del Sendero Interno del Alma (MSIA), que son los recursos fundamentales no solamente de este libro, sino también de mi sustento y de mis mayores bendiciones. John-Roger es mi mejor amigo, mi maestro, y MSIA es donde vivo. Me he esforzado en escribir directamente desde el punto de referencia de mi experiencia, pero claramente mi experiencia está tan infundida de las enseñanzas de John-Roger y MSIA que tal vez sea mejor para ti pasar por alto este libro y dirigirte directamente allí.

Tener un amigo verdadero es una de las mayores bendiciones. Mi verdadera amiga y esposa, Laura, continúa enseñándome que las bendiciones de amor son las mayores bendiciones, incluyendo a nuestros adorados hijos, Claire, Zane, Mimi y Max.

He visto las bendiciones de perfección que dieron lugar a este libro, y verdaderamente todo y todos han contribuido algo, algunos más que otros. Muchos me han animado. Y hay quienes se presentaron para ofrecer hacer aquello que yo no iba a hacer o no podía hacer.

Más amigos. Judi Goldfader dirigió al grupo durante el proceso; al mismo tiempo, es una editora extremadamente capacitada. Tom Boyer fue el instigador jefe, y proveyó el impulso tan necesario para comenzar el vuelo. Lynn Vineyard hizo una revisión a fondo de lo que he dicho aquí y allá, investigando cantidades de material con la esperanza de encontrar alguna joya escondida. Timothea Stewart encontró bendiciones y más bendiciones en los cuatro puntos cardinales, tarea para la cual nació, estoy seguro. Laren Bright fue el corazón calmado y la mente aguda que refinaron las palabras en el papel y pusieron los pies en la tierra. Betsy Alexander ha sido, durante largo tiempo, mi mentora y mi implacable correctora de manuscritos. Stede Barber, Shelley Noble y David Sand utilizaron sus considerables talentos creativos para que todo lo escrito se vea y se sienta bien. Paul Kaye, presidente del MSIA, junto con sus co-presidentes Vincent Dupont y Mark Lurie, apoyaron el proyecto económicamente sin reserva alguna, y proveyeron los recursos que permitieron este final bendito.

La esencia de todas las bendiciones es el bien. Salgamos y hagamos nuestra parte.

JOHN MORTON
Agosto 1999

Una invocación

PADRE-MADRE DIOS, nos presentamos ante La Luz, dando gracias por tu presencia y por esta oportunidad de estar juntos

en tu Espíritu,

en tu confianza,

en tu gracia.

Danos tu gratitud, para que sepamos que te deleita que seamos tuyos, para que podamos una vez más dejar de lado

nuestras dudas,

nuestros recelos,

nuestros miedos.

Nos presentamos ante ti con humildad, abiertos y desnudos, y desechamos cualquier cosa que pudiera cubrirnos o apartarnos de ti, para que podamos ser puros ante ti y tener esa visión de ti.

Que así sea.

Baruch Bashan.

BARUCH BASHAN

Generalmente termino mis charlas con las palabras "Baruch Bashan" (se pronuncia ba-ruch ba-chán)es una expresión que significa "las bendiciones ya existen", que las bendiciones están presentes, y todo lo que necesitamos hacer es participar de ellas, disfrutarlas y apreciarlas. De eso se trata una relación genuina con Dios y con el Espíritu: las bendiciones de Dios están presentes y a nuestra disposición.

"El velo que oscurece tus ojos será
levantado por las manos que lo tejieron,
Y la arcilla que llena tus oídos será
penetrada por los dedos que la amasaron.
Y verás
Y oirás.
Pero no deplorarás el haber conocido
la ceguera, ni lamentarás haber sido sordo.
Porque ese día conocerás los propósitos
escondidos en todas las cosas,
Y bendecirás la oscuridad como
bendecerías la luz."

KAHLIL GIBRAN

Capítulo Uno

Las bendiciones de todo lo que existe

Considera esto: si estuvieras completamente inmerso en el amor, nada te molestaría.

EN EL TRABAJO QUE HAGO, que se trata de conocer a Dios como una realidad viva y apoyar a otros en su propia experiencia de ello, hay un enfoque pronunciado en las bendiciones. Esa es, sencillamente, la naturaleza de la realidad en la que habito. Aunque este libro trata sobre las muchas bendiciones que están a nuestra disposición en la vida diaria, hay una esencia de diez bendiciones que comprenden todas las otras. Esas son las bendiciones a las cuales todos tenemos derecho, y que están a nuestra disposición constantemente, si les ponemos atención.

John-Roger ha identificado estas diez bendiciones: amor, cuidado, participación (compartir), salud, riqueza, felicidad, abundancia, prosperidad, tesoros y contacto (tocar). Encontrarás elementos de ellas en todas las bendiciones a lo largo de este libro, así que me parece apropiado definir estas bendiciones esenciales.

La primera bendición es el **amor.** Siempre existe una oportunidad de abrirnos más al amor. Si quieres saber de qué se trata mi trabajo, básicamente es sobre el amor. **Si estás invocando y evocando tu naturaleza amorosa, ella te guiará hacia la consciencia más elevada. El amor es el punto de apertura. Es la puerta. Todo sucede en el amor. Todo entra a través del amor.**

Considera esto: si estuvieras completamente inmerso en el amor, nada te molestaría. Tal vez hayas tenido esa experiencia algunas veces. Cuando la fuerza del amor, el poder del amor, están completamente abiertos y emanando, hay una relación de éxtasis con todo. Todo te da un mayor sentido de quién eres y de qué es tu vida. ¿No es maravilloso sentirse así? Pero, no importa dónde te encuentres puedes usar tu poder de creatividad, tu voluntad, para elegir el amor.

La segunda bendición es el **cuidado.** Esa bendición es una expresión de amor. Es la forma en que el amor se da a conocer. Es una consciencia que le permite a otro—y a ti mismo—ser recibido en amor. Esa es la consciencia del cuidado: abraza a través del amor, toca con amor, habla con amor.

En pocas palabras, el cuidado es la consciencia de mejorar las cosas, de ir más allá para lograr que las cosas se eleven y queden mejor que cuando las encontraste. Esa es la consciencia del cuidado en movimiento. Todos tenemos el poder de elegir cuidar, de manera que nuestro acervo como consciencia sea de cuidado.

La **participación** (el **compartir**) es una bendición interesante. A medida que tomamos consciencia del poder de quienes somos realmente, adquirimos habilidades adicionales. Como resultado de esas habilidades, aparecen cosas a nuestro alrededor de las cuales nos hacemos cargo. Las cosas se nos dan en las manos. Algunas son cosas materiales. Algunas de esas cosas te son asignadas por otros: los impuestos, el propietario de la casa en que vives, o el banco. Cuando firmas en el lugar indicado, esas cosas quedan asignadas a tu nombre. Es parte del proceso de compartir: ir más allá para que otros participen de lo que te es asignado, de lo que es tuyo.

Tal vez hayas notado que esas bendiciones se extienden unas a partir de otras: el amor es una extensión de Dios, el cuidado es una extensión del amor, el compartir es una extensión del cuidado. A medida que invocamos y expresamos nuestra consciencia de Dios con mayor poder, la participación se transforma en una forma natural de ser. Es darnos permiso para expandirnos.

Es muy importante encontrar formas de compartir. **Mi receta para resolver todos los problemas del planeta, es crear condiciones y relaciones tales que todos se sientan seguros para compartir de sí mismos,** y compartir sus cosas, situaciones en las cuales yo pueda confiar en que si comparto contigo, no violarás, abusarás o maltratarás lo que compartí.

Tal vez suene como una utopía, o como si fuera el cielo: un lugar en el cual puedes compartir cosas abierta y honestamente, y recibes lo mismo. Sería un mundo maravilloso. ¿Piensas que sucederá pronto? Yo no lo creo. Así que soy práctico. Me esmero para rodearme de gente con la cual puedo compartir abierta y honestamente. Y a partir de esa base de seguridad y confianza puedo extender mi participación hacia el mundo.

Cuando estamos amando, cuidando y compartiendo activamente, nos acercamos a la cuarta bendición: **salud.** John-Roger la define de la manera más hermosa: **"La salud es amar quienes somos.** Es cuidar quienes somos. Es compartir quienes somos". Es todo eso. Esa es una vibración saludable, una consciencia saludable, y cuando lo hacemos, la salud viene a nosotros.

Hace un tiempo estuve con una mujer que estaba prácticamente en su lecho de muerte. Estaba en un hospital, en la unidad de cuidado intensivo, y me pidió que fuera a verla. Pensé que encontraría a alguien a punto de morir, físicamente imposibilitada.

Entré y encontré a una de las personas más radiantes, vivas y vitales que había visto en mi vida. Estaba físicamente viva, no solamente en la radiación de su ser. No se veía ni actuaba como una persona moribunda. Sonreía, se sentía feliz, alegre, agradecida, y hablaba de todas las bendiciones en su vida.

Estaba participando activamente y cuidando a su familia y a la gente que trabajaba en el hospital. Esos eran sus intereses. No estaba preocupada de manera negativa por su salud. Estaba haciendo lo que sabía hacer para cuidarse, aunque desde el punto de vista del personal médico no quedaba mucho por hacer. A la gente del hospital se le dijo: "Su ministro está por llegar, y van a tener una sesión especial juntos". Esperaban, entonces, que apareciera alguien a darle la extremaunción.

No practico los ritos de la muerte, pero lo que hice fue participar con ella en el Espíritu. Fue una enorme bendición ser parte de su proceso. Me enseñó mucho, y estoy seguro de que también les enseñó mucho a otros sobre la diferencia entre una consciencia de salud, una persona saludable, y lo que le sucede al cuerpo.

Murió en el correr de la siguiente semana. Me asombró, porque había quedado confundido entre su apariencia y lo que le sucedía a su físico. Así que decidí que Dios se la había llevado. No se la llevó la enfermedad. Era su momento, y se fue con el mayor poder y gracia que he visto en mi vida. Fue realmente magnífico participar en esa experiencia.

Aprendí a distinguir ese aspecto de la salud, que es una consciencia de amor, una consciencia de cuidado y de participación, una consciencia vital. Todos tenemos el poder de invocar esa bendición, sea cual fuere la condición en que nos encontremos.

La **riqueza** es la quinta bendición. Tenemos la experiencia de la bendición que es la riqueza cuando participamos en la consciencia de riqueza. Es una consciencia que implica estar imbuidos por el poder de crear. Es importante que establezcamos la actitud de que se nos ha dado el poder de crear riqueza. **No existe la carencia en la creación de Dios.** Lo digo de manera fuerte, resuelta y clara. **Existe la riqueza en la creación de Dios.** Riqueza infinita. Riqueza sin límites. Proviene de lo invisible.

Si te preguntas: "¿De dónde proviene la riqueza?": viene de lo invisible. Riqueza es manifestar lo que no está manifiesto. (De allí provienen *todas* las bendiciones.) Cuando invocamos eso para que se haga presente en el mundo material, se puede manifestar como cualquier cosa que se puede comprar con dinero, como todo eso. Pero la verdadera riqueza es una vida abundante. La verdadera riqueza es tener acceso a La Fuente que nos entrega todo lo que necesitamos. Tal vez lo más importante es que lo hace en la consciencia de que se nos ama, se nos adora, se nos da servicio. Esa es la consciencia de riqueza. De alguna manera es reconocer que somos miembros de la realeza.

Crea la imagen de realeza en tu mente. ¿Quién es parte de la realeza? ¿Qué tipo de lugares ocupan los personajes de la realeza? ¿Dónde viven y qué estilo de vida llevan? No importa cómo crees la imagen. Puedes hacerlo en tiempo pasado, presente, futuro, fantasía, realidad, cualquier cosa que represente la realeza para ti.

Y luego reclama esa realeza. Reconoce que eres parte de la realeza. Y si no lo sabes, entonces eres el hijo o la hija pródiga, y estás todavía errando por el mundo, porque cuando te des cuenta de quién eres, se te hará una fiesta de bienvenida que es una celebración de tu realeza, y de que no existe nada que no te merezcas. Te lo mereces todo. Esa es la consciencia de riqueza.

Parte de la forma en que esto funciona es circulando, distribuyendo, compartiendo. **Si quieres tener mayores riquezas, debes dar, debes compartir. Es así como creas una mayor apertura para recibir.** Demuestras que sabes recibir, que sabes cuidar. Enseñas que cuando Dios te da, compartes la riqueza. Y eso nos lleva a la felicidad.

Para mí la **felicidad** es Dios haciéndonos cosquillas. Así es como yo lo veo. Si quieres saber cómo ser feliz, cuál es el secreto de la felicidad, te digo: "Acércate a Dios".

Haz lo que consideres que te acerca a Dios. Si no sabes dónde mirar, mira en tu corazón. Acércate a tu corazón. Acércate a quien eres. Si es necesario, tómate tu tiempo para hacerlo, para encontrarte, para, tal vez, librarte de algunas de las imágenes falsas que has adoptado.

Las imágenes falsas nos impiden conocer la verdad de quienes somos. Tratar de identificarnos con cosas falsas nos lleva a la infelicidad. Así que si quieres crear felicidad, identifícate con lo que es verdad y aprende lo que es verdad para ti íntimamente.

En mi trabajo hacemos mucha introspección. En este libro encontrarás muchas formas de descubrir quién eres. Cuando encuentras aspectos de quien eres, es necesario celebrar la verdad, aún si es algo que no te parece muy bueno. No nos corresponde juzgar lo que identificamos como verdadero en otros o en nosotros mismos. Nuestra tarea es amar lo que encontramos.

Si supieras todo de ti, cada hecho, cada momento, cada acontecimiento, cada suceso, cada pensamiento, cada sentimiento, y luego supieras todo eso de todos los demás, lo amarías todo. Lo tomarías y no lo rechazarías. No lo maldecirías ni lo mandarías al diablo porque si supieses todas esas cosas, e hicieras eso, sabrías que te estás haciendo lo mismo a ti.

A continuación vienen **abundancia, prosperidad** y **tesoros.** La gente pregunta: "¿Cuál es la diferencia entre abundancia, prosperidad y tesoros?" No hay tanta. Pero, como te imaginas, todo es bueno.

Las incluyo juntas porque tienen que ver con bendecir las cosas una y otra y otra vez, tantas que no puedes ni si quiera contenerlas todas y se desbordan, y no puedes dejar de compartirlas. La prosperidad se involucra en algo que se transforma en ganancia para todos. Lleva a un incremento de tal grado que el mundo se transforma en un lugar mejor. Eso es la prosperidad. ¿Cómo lo hace? Estamos invocando lo que no ha sido manifestado, y manifestándolo en el mundo. En verdad se transforma en un aumento de suministros, un aumento de bendiciones, un aumento de lo que hay aquí para nosotros.

Eso es lo que está sucediendo en el planeta. Sé que oímos hablar mucho sobre los problemas, y lo que hay de negativo en el planeta. Tenemos un hueco en la atmósfera, y tenemos todas estas cosas que tienen que ver con contaminación y recursos naturales. Y la población contin˙a aumentando. Pero todas esas cosas son realmente finitas.

Lo que sé es que Dios es el poder de resolverlo todo. Cuando vivimos en ese poder y vivimos a través de lo que es ese poder, nuestro universo, nuestro mundo, el lugar mismo donde caminamos, es bendito. El aire se hace más limpio, el agua más pura. Hay más para todos. Vamos a buscar los panes y los peces, y miramos, y de alguna forma hay suficiente, porque lo hacemos en esa consciencia.

Los recursos pueden parecer limitados, pero en la consciencia de "reparte esto y sigue repartiéndolo", aparecen las bendiciones de abundancia, prosperidad y tesoros.

El planeta fue creado en la consciencia que dice "habrá suficiente, habrá más que suficiente". Para mí, ese es el secreto. Ese es el milagro. Cuando practiquemos esa consciencia, sucederá.

Y ahora viene la bendición del **contacto,** de extenderse, de tocar. Considero el tocar como un aspecto del conectarse. Como yo lo veo, no es suficiente ser bendito. Hay una responsabilidad que tiene que ver con extender la bendición para que se expanda, no solamente para que llegue a otros sino para que toque al planeta y toque el cielo y toque los lugares internos.

A veces la gente dice: "Ese 'está tocado'. Más vale que no te le acerques". La idea es que la persona está loca, o ha sido maldecida, o le pasó algo raro, y puede ser contagioso. Sin embargo, también existe el concepto del tonto tocado por la mano de Dios, el que va más allá de los límites y se relaciona con el poder ilimitado. Cuando hacemos eso, estamos tocando lo Divino, tocando al que dijo (y él no fue el único que lo dijo): "El que me ha visto, ha visto al Padre",[1] con el cual estoy en contacto, en contacto directo, el que camina sobre el agua, el que atraviesa paredes, el que resucita a los muertos, para quien no existen las barreras ni los límites. Ese es a quien estamos tocando.

Sé que si miras en tu consciencia, en lo profundo de tu corazón, verás que quieres tocar a Dios. Quieres estar frente a frente con Dios. Aunque tengas temor o dudas, aunque sientas que no lo mereces, que no lo puedes hacer,

1. Juan 14:9

que te incendiarías y te convertirías en cenizas—cualquiera sea la idea negativa que se te ocurra—sé que sigue habiendo una parte tuya que quiere tocar a Dios, y ser tocado, ser tocado como un niño a quien se le levanta, se le abraza, se le celebra, se juega con él, que todas las bendiciones del reino, que es tu reino, te sean concedidas.

Sé que oyes lo que se está diciendo aquí y que lo oyes en un lugar profundo, porque el que me toca a mí también te toca a ti.

Espero que disfrutes de este libro. Espero que hagas más que disfrutarlo: espero que te asista a reclamar a aquel adentro de ti que será el bendito, al que bendice. Porque, verdaderamente, las bendiciones ya existen.

Baruch Bashan.

Una bendición de elevación

❧ QUERIDO DIOS, amado amigo nuestro, te pedimos tu bendición, que estemos abiertos a recibir y estemos abiertos a dar.

Y por un momento dejamos ir todas nuestras preocupaciones para que descubramos cuáles son tus intereses para el bien mayor.

Entonces, pedimos que se nos eleve, como cada uno lo necesite, para ver lo bueno en todas las cosas y toda la gente. Y lo extendemos a cualquier cosa que haya sucedido. Pedimos estar totalmente presentes aquí, en este lugar, que apreciemos lo que nos toca en todas las circunstancias de nuestra vida.

Tal vez consideremos situaciones que tienen que ver con nuestra salud, con nuestras condiciones de vida, con cuentas que debemos pagar, con aquellas personas cercanas a nosotros en nuestra vida, y especialmente quienes nos presentan nuestras lecciones y cualquier lugar donde encontremos malos entendidos, confusión o dolor.

Nos abrimos ahora para recibir el ministerio del Espíritu Santo a través de la consciencia del Cristo, el que ungiste para tocarnos a todos, para ser un ejemplo.

Pedimos ser un ejemplo, para que podamos demostrar la habilidad que es tu regalo y tu bendición, para seguir adelante en este mundo sabiendo que todo es un regalo. Y cuando no entendemos, pedimos ser confortados, saber que tú nos cobijas, nos abrazas, recorres todo el camino con nosotros.

Tal vez sea necesario que nos muestres una y otra vez cómo practicar el desapego, cómo dejar ir aquellas cosas que nos atan o nos aprisionan. Tráenos la resonancia del espíritu de libertad.

Pedimos poder reír más, sonreír más, disfrutar más la vida en la mayor expresión que se nos pueda conceder, y que tengamos la sabiduría de vivir de esta manera.

En este momento, si puedes mostrarnos a cada uno lo que podemos hacer a nivel personal para cambiar, para estar más disponibles a tus propósitos, a que se haga tu voluntad, te pedimos que lo hagas.

Y si se puede hacer presente una consciencia que nos pueda asistir de cualquier manera, para que esté con nosotros, para que nos recuerde qué debemos hacer en cada situación, te damos gracias por esa bendición.

Baruch Bashan.

"Dijo, pues, Dios: Sea la luz. Y la luz fue.
Y vio Dios que la luz era buena: y dividió la luz
de las tinieblas.
A la luz llamó día, y a las tinieblas noche:
y así de la tarde aquella y de la mañana siguiente resultó el
primer día."

GENESIS 1:3-5

Capitulo Dos

La bendición de elegir la Luz

Momento a momento, día a día, permanece abierto a las nuevas experiencias al no apegarte al pasado.

LEÍ HACE POCO QUE LA PALABRA *luz* aparece en más de cien lugares en el Viejo Testamento de La Biblia. Me llama particularmente la atención el uso que se le da en el tercer versículo del primer libro, Génesis: "Sea la luz". ¿Te imaginas a Dios reflexionando sobre La Creación y decidiendo que la luz iba a ser uno de los componentes principales de la vida en este mundo?

Si Dios eligió que "fuera" la luz, ¿existía la posibilidad de que no hubiera luz? Haber elegido que hubiera luz es fundamental para nuestras propias creaciones diarias. A medida que encontramos este mundo de tinieblas y reflejos, tenemos oportunidad de elegir si permitiremos que La Luz de la revelación ilumine nuestra consciencia, para que veamos la realidad de nuestras experiencias.

Cuando te permites aumentar tu consciencia a través de La Luz, también estás clarificando ilusiones y protegiéndote de la negatividad. Probablemente esto te suene bien y, tal vez, familiar. Entonces la pregunta es, ¿por qué no logras mantener la presencia de La Luz para el bien mayor?

La respuesta más sencilla sería que somos humanos. **Los seres humanos, tanto como nos gustaría que fuese de otra forma, por naturaleza nos apartamos de La Luz. Agradezcamos que siempre tenemos la libertad de elegir La Luz.**

He aquí un ejemplo de esa elección, que hice durante un vuelo transatlántico con mi familia, incluyendo a mi hija Claire que en ese momento era una bebé. Un pasajero sentado al otro lado del pasillo se sentía muy irritado y se quejó a la asistente de vuelo porque Claire "estaba haciendo mucho ruido". (Probablemente puedas apreciar que los chicos, con su enorme libertad de expresión, pueden ser percibidos como una fuente de irritación.) Cuando se nos comunicó su irritación, tuve oportunidad de reaccionar negativamente, o de elegir internarme más en La Luz.

Como soy humano, las elecciones negativas se me presentaron junto con las positivas. ¿Le doy un abrazo a este hombre, o lo invito a pelear? Con La Luz adquirimos altitud para ver todos los aspectos de una situación. Sé que la paz está presente cuando hay ausencia de oposición. Suena lindo, pero ¿qué hago cuando la oposición está presente?

En este caso decidí enfrentarla directamente. Me levanté de mi asiento y me acerqué al hombre, que estaba quejándose una vez más a otra asistente de vuelo. Una vez que se dio cuenta de mi presencia me presenté como el padre de la niña y le pregunté qué le gustaría que hiciéramos diferente. Sorpresivamente contestó:

—Nada.

Le expliqué que estábamos haciendo todo lo que se nos había ocurrido para cuidar de ella.

—¿Pueden lograr que haga menos ruido?—preguntó.

—¿Preferiría que le tapáramos la boca con una cinta adhesiva o que le pegáramos un tiro?— contesté.

—No. Pero cuando mis hijos viajan lo hacen en silencio —fue su respuesta.

—Entonces sus hijos deben ser perfectos —le dije.

—De ninguna manera —contestó el hombre.

—Por favor háganos saber si le gustaría que hiciéramos algo diferente a lo que estamos haciendo— agregué. Me dio las gracias.

Cuando regresé a mi asiento, después de la breve charla con el hombre, Claire estaba calmada, y se había adormecido de esa manera deliciosa que sucede a menudo cuando su madre le da el pecho.

Más tarde, la asistente de vuelo que había recibido la mayoría de las quejas me agradeció, y me dijo que yo había hecho algo muy eficaz. Luego otra asistente nos dijo que había comentado la situación con sus compañeras. Nos comunicó que desde su punto de vista Claire era una criatura deliciosa, y que no entendían cuál había sido el problema. Quería consolarnos, y también consolarse a sí misma, lo cual es comprensible. Pero, ¿y el hombre?

Hubiera sido fácil criticarlo en complicidad con la asistente de vuelo, catalogarlo como negativo por haber hecho una elección tan negativa con respecto a mi adorable hija la cual, obviamente, (por lo menos para mí) estaba haciendo lo mejor que podía dadas las circunstancias. Sin embargo, con la altitud que brinda La Luz, también podía ver que el hombre estaba haciendo lo mejor que podía dadas las circunstancias. Sus circunstancias deben haber sido difíciles, evidentemente, si le resultó necesario irritarse con una inocente niña, quien no sabía de manera consciente que existía la posibilidad de no hacer ruido.

¿Pero qué le estaba pasando al niño inocente, al niño que el hombre lleva adentro? ¿Qué tal si le enviara La Luz para que lo elevara y le enseñara lo que necesita aprender? La Luz fue enviada a todos nosotros, y especialmente a él.

Más tarde, cuando estaba escribiendo, vi que el hombre también se había calmado, y se había adormecido de esa manera deliciosa que sucede cuando nos alimentamos del Espíritu.

¿Cuántas veces has llegado a conclusiones falsas a partir de lo que era aparente en base a tus percepciones? ¿Cuán a menudo has reaccionado abruptamente ante una situación y luego te has dado cuenta de que podrías haber elegido mejor?

Si hiciéramos una encuesta entre gente dispuesta a evaluar honestamente su vida, es posible que encontráramos una mayoría avasalladora que a menudo deja de lado las mejores opciones. ¿Cómo puedes determinar cuáles son las mejores opciones, o la mejor de todas, para poder elegirla? Espiritualmente, podemos presentarnos a La Luz para el bien mayor de todos.

Se ha dicho que enseñamos lo que necesitamos aprender. Es aún más importante demostrar lo que sabemos.

Demostramos La Luz, antes que nada, conociendo La Luz. Podemos conocer La Luz mediante nuestra experiencia. Con más experiencia logramos el esclarecimiento.

Estés donde estés, siempre puedes elegir o pedir que se te revelen tus mejores intenciones. La Luz hace justamente eso, además de muchas otras cosas buenas y maravillosas. Es muy sencillo. Te puede resultar fácil si dejas que La Luz brille radiante a través de tu ser y mantienes tu intención en La Luz para el bien mayor de todos. Y cuando lo olvidas, te lo recuerdas invocando La Luz en tu imaginación, o utilizando una oración.

Dejar que La Luz exista significa estar abierto a lo que La Luz te revele. Ahora mismo, ábrete a La Luz para el bien mayor. Suelta los apegos al pasado, a lo que pienses o sientes que debe ser, y permanece abierto a las experiencias nuevas de lo que está presente. **Momento a momento, día a día, permanece abierto a las nuevas experiencias al no apegarte al pasado.**

¿Te das cuenta de que La Luz está repleta del poder de transformar todas las situaciones para el bien mayor de todos? Todos tenemos la ocupación a tiempo completo de mantenernos presentes en La Luz, de manera que se pueda manifestar el bien mayor, y solamente el bien mayor. Eso significa que el bien mayor está siempre presente y esperando que lo elijamos, esté donde esté, dependiendo desde qué dirección esté brillando La Luz.

¿No es asombroso que cada uno de nosotros tenga siempre la opción de elegir La Luz para el bien mayor y nada más que lo bueno en todas las situaciones? "En el principio, ...dijo, pues, Dios: "Sea la luz'".[1] Comencemos nosotros otra vez con La Luz, ahora.

Baruch Bashan.

1. Génesis 1:1–3

Una bendición de invocar La Luz

He aquí una bendición o invocación de lo que yo llamo pedir La Luz, o pedir que La Luz se haga presente. Es un proceso que se transforma en sagrado más que nada a través de nuestra intención. En otras palabras, la forma o el contenido de la bendición no es tan importante como nuestra intención con respecto al acto de "bendecir".

En este momento toma consciencia del contacto con La Fuente de Luz adentro de ti, que una vez más llamamos a través del Padre-Madre Dios que es La Fuente de Luz, esa Fuente que hace presente el bien mayor para todos los involucrados.

Pedimos La Luz primero para nosotros, para que quedemos esclarecidos en todos los niveles, rodeándonos, llenándonos y protegiéndonos con esta Luz. Mientras mantenemos esta

Luz, pedimos que la consciencia del Espíritu Santo, a través de la naturaleza divina de Dios, se extienda a esta bendición.

A continuación bendecimos este planeta. Vemos esta Luz anclándose en el centro mismo de la tierra. Es una Luz hermosa, radiante, que ilumina todo lo que es oscuro, penetrando aún las sustancias más densas, irradiando como una hermosa energía sobre La Tierra y bendiciendo a toda la gente y a todas las situaciones del planeta.

Esta Luz ilumina la oscuridad de las consciencias en todos los lugares donde hay dolor o perturbación. Y especialmente, Señor, te pedimos que entres en cada consciencia donde haya oscuridad, oculta tras la inconsciencia, y tal como la oscuridad fue iluminada mediante tu Bienamado, una vez más te lo pedimos.

Devolvemos el Espíritu a cada cuerpo, regenerando la consciencia del amor viviente, para que cada persona se bendiga a sí misma y a quienes le rodean; para que cada persona, a su propio modo, se despierte a La Luz.

Vemos que los lugares donde hay hambre y perturbación reciben cuidado y se abastecen sus necesidades.

Vemos que la tierra se limpia y se purifica, de modo que hay más y más belleza y limpieza en el orden del amor viviente.

Cada uno de nosotros mantiene esta consciencia de La Luz, y la anclamos para todos. Nos ofrecemos una vez más como siervos de La Luz, para que seamos instrumentos del amor y la aceptación de Dios.

Donde quiera que vamos llevamos esta consciencia adentro de nosotros.

Nos elevamos continuamente, así como se nos eleva.

Agradecemos esta oportunidad de dar servicio. Y cuando se nos pregunta: "¿A quién sirves?", tenemos la libertad de decir en nuestra consciencia: "Servimos al Señor".

Baruch Bashan.

"Hay quienes dan poco
de lo mucho que tienen,
y lo dan a cambio de reconocimiento,
y su deseo escondido
hace que sus dones sean malsanos.
Y hay quienes tienen poco
y lo dan todo.
Ellos son los que creen en la vida y en la generosidad de la vida,
y sus arcas nunca están vacías."

KAHLIL GIBRAN

"Quien se apodera de una Dicha
Así destruye las alas de la vida;
Pero el que besa a la Dicha cuando pasa al vuelo
Vive en el amanecer de la Eternidad."

WILLIAM BLAKE

Capítulo Tres

LA BENDICIÓN DE RECIBIR Y DAR

La Trascendencia del Alma, la consciencia directa de nuestra conexión espiritual con lo Divino, es un proceso de darse cuenta del estado de desapego, inmaterial, que es la fuente de nuestra verdadera riqueza y prosperidad.

CUANDO NIÑO ERA EXCELENTE jugando a las canicas. Por si no sabías de canicas, hay un par de juegos básicos. En uno de ellos, que se juega generalmente en la acera, cada jugador tiene una canica para jugar. El objetivo es pegarle a las canicas de los otros jugadores cuando es tu turno. Si logras pegarle a las canicas de los otros jugadores antes de que ellos le peguen a las tuyas, ganaste. Y viceversa.

Para el otro juego se dibuja un círculo en un área lisa y llana. Cada jugador pone una cierta cantidad de canicas en el círculo, una vez que se han puesto de acuerdo en la cantidad. Luego los jugadores arrojan la canica grande hacia una línea para ver quién le llega más cerca; así determinan el orden en que van a jugar.

Por turno, cada jugador apoya la mano en el borde del círculo y dispara sus canicas hacia el interior del círculo. Todas las canicas que logre hacer salir del límite del círculo le pertenecen. Si un jugador logra enviar por lo menos una canica afuera del círculo mientras que su canica grande queda adentro, ese jugador puede continuar jugando, siempre que continúe enviando las canicas ajenas fuera del círculo y su canica grande permanezca adentro: es similar al juego de billar.

Las habilidades básicas que tienen que ver con el juego de canicas incluyen el disparar la canica con precisión, y al mismo tiempo tener en cuenta el terreno y los límites. Cuando se juega en el círculo hacen falta habilidades adicionales: hay que aprender cómo seleccionar la canica del tamaño y peso adecuado para poder enviar las canicas ajenas fuera del círculo, y también cómo hacerla girar como un trompo para que sea más fácil que permanezca adentro del círculo. Las canicas grandes, hechas de mármol o de ágata, eran especialmente apreciadas y difíciles de conseguir. Las canicas más comunes eran las de vidrio.

Cuando se trataba de jugar a las canicas siempre hacía falta tomar una decisión fundamental: ¿se iba a jugar por diversión o de verdad? Jugar por diversión quería decir que, tanto si ganaras como si perdieras, cuando se acababa el juego se te devolvían todas tus canicas originales. Jugar de verdad quería decir que, al terminar el juego, te quedabas con las canicas que habías logrado golpear o arrojar fuera del círculo. Algunos jugadores podían perder algunas de sus canicas, o todas. Si uno no tenía canicas y necesitaba pedirlas prestadas, no podía jugar de verdad.

Durante el tiempo que jugué canicas compré unas pocas, y pedí prestadas menos aún. Prácticamente siempre jugaba de verdad. Una vez que uno jugaba de verdad, jugar por divertirse no era emocionante. Si alguna vez has jugado por dinero (lo que suele llamarse apostar) es posible que sepas algo de la atracción y el riesgo que implica el jugar de verdad. Mientras ganes más de lo que pierdes, el juego tiende a ser divertido. Especialmente si el que te está dando las ganancias lo toma con sentido del humor, o por lo menos con neutralidad.

Mis ganancias con las canicas me permitieron acumular fortunas de canicas—no solamente una vez, sino dos—que escondí en varias latas grandes de café y en cajas de zapatos. A lo largo del tiempo adquirí tanta experiencia que, además de acumular cientos de canicas, y luego miles de canicas, me encontré con que eran pocos los chicos que querían jugar conmigo, por razones obvias. Es posible que yo sea una de las pocas personas que aprecian en su totalidad lo que significa no solamente ganar todas las canicas, sino también perderlas todas.

Cuando mi familia se mudó a otra ciudad tuve que deshacerme de mi primera fortuna de canicas. Por lo menos así recuerdo que me lo presentó mi padre. Aunque fui obligado a deshacerme de mi riqueza en canicas, sí aprendí algo sobre el valor de compartir lo que uno tiene con los demás. Las regalé todas a unos pocos amigos (cuya cantidad aumentó radicalmente a medida que la historia de mi generosidad se desparramó por el vecindario). A los ocho años aprendí mucho sobre la importancia de tener mucho de algo que otras personas están ansiosas de poseer.

El destino de la segunda fortuna de canicas es mucho más memorable. Con el considerable talento que había desarrollado en comparación con los otros jugadores, muy pronto tuve en nuestra nueva casa otras latas y cajas llenas de canicas. Tenía tantas que comencé a guardar algunas en el garaje, para que no ocuparan tanto lugar en el dormitorio que compartía con mi hermano.

Poco a poco comencé a perder la sensación de emoción o la satisfacción de crear una fortuna de canicas que aumentaba constantemente. No eran solamente las quejas y los gemidos silenciosos que solían saludarme cuando aparecía, listo para participar en un juego. Aprendí lo que deben sentir los peleadores cuando se acercan a los débiles a quienes suelen molestar.

Un día me di cuenta de que lo que tenía que hacer era regalar todas mis canicas. Algunos de mis amigos pensaron que realmente me había vuelto loco, y me instaron a que las vendiera. Pero cuanto más consideraba la idea de sencillamente regalarlas, más entusiasmo sentía. Hice saber que a cierta hora una tarde, cualquiera que quisiera canicas gratis debía presentarse en el patio del colegio.

Había acumulado tantas canicas que necesité que un par de amigos me ayudaran a llevarlas hasta la escuela. Obviamente el rumor se había diseminado, porque se presentaron muchos chicos de distintas edades. Les pedí que se alejaran unos 50 metros. Grité: “Las que agarren son de ustedes”, y comencé a arrojar canicas por cantidades. Si hubiera estado arrojando diamantes, piedras preciosas y monedas de oro, dudo que la respuesta hubiera sido más intensa. Todos los chicos corrían, persiguiéndose unos a otros y persiguiendo a las canicas.

Pasados los primeros segundos, observando la respuesta entusiasta y alegre, apenas podía mantenerme parado de la risa que me causaba. **Sentí el deleite de dar con libertad y abandono las mismas cosas que, con tal intensidad y durante tanto tiempo, había buscado adquirir y poseer.** Me hacía una gracia enorme ver a otros tan dedicados a adquirir las mismas cosas de las cuales yo me estaba deshaciendo con tanto placer.

Tal vez puedas apreciar, como lo hago yo, el momento en la vida de San Francisco en el cual, se dice, subió a una torre en la propiedad de su padre, un comerciante próspero y, para horror de éste, comenzó a arrojar ropas muy valiosas y rollos de tela a la gente que estaba en la calle, feliz y entusiasmada. Este incidente ocurrió en el momento de la emancipación espiritual de San Francisco, y lo condujo a dedicarse a vivir con los medios de su Padre en el Espíritu en lugar de vivir de la considerable riqueza y herencia de su padre físico.

Nunca es demasiado temprano para considerar que un día tú y todos los demás, cederán todo cuanto poseen en este mundo. ¿Te das cuenta de que tendrás la misma oportunidad de deshacerte de lo material de este mundo? ¿Preferirías que tu pasaje a otra vida fuera un esfuerzo de mantenerte apegado, de no dejar ir en lo más mínimo? ¿O estarás ya desapegado y dejando ir libremente todo lo que posees y has adquirido? **La Trascendencia del Alma, la consciencia directa de nuestra conexión espiritual con lo Divino, es un proceso de darse cuenta del estado de desapego, inmaterial, que es la fuente de nuestra ver-**

dadera riqueza y prosperidad. Ha llegado el momento de practicar la expansión de nuestra abundancia y nuestra riqueza, a medida que aprendemos a dejar ir todo y darlo a quienes pueden recibirlo.

Muchas escrituras sagradas nos dicen que El Señor da y El Señor quita. No es una señal de inteligencia apegarnos a lo material de este mundo de tal manera que, cuando El Señor dé o quite, no estemos preparados para ninguna de las dos cosas. Aprender a recibir y dar libremente es nuestra herencia. Esa es la clave para tener una vida de creciente abundancia y riqueza. La fuente de recursos es ilimitada y el planeta ofrece más oportunidades ahora que nunca antes.

Siempre hay más que suficiente para que todos continúen jugando. El juego del Señor se juega por diversión y de verdad. Comparte tu riqueza, y que La Fuente Divina ilimitada te la reponga siempre, más y más.

Baruch Bashan.

Una bendición de liberación

SEÑOR, te pedimos tu bendición, que se extienda hacia nosotros como un regalo.

Como somos quienes participamos de tu propósito de expresar tus bendiciones, te pedimos que nos visites a cada uno personalmente en este momento, y trabajes con nosotros en nuestra relación con este mundo.

Te pedimos que nos traigas tu enorme Luz que es El Espíritu Santo, mediante el que conocemos como nuestro Señor, para que se siente a nuestro lado, nos visite donde vivimos, mire cada rincón, cada aspecto de lo que hemos creado.

Te pedimos esto a través de todo lo que ha sido creado; que logremos un equilibrio aquí y ahora, la eliminación de todo lo que ya no es necesario, y el regalo de tu gracia.

Pedimos que las deudas queden pagadas, a través de esta acción de tu Bienamado que viene y se sienta con nosotros ahora; que nosotros seamos el Bienamado, y que participemos de estas bendiciones, de la eliminación de la deuda.

Pedimos la curación, el equilibrio adentro de nosotros que nos hemos enredado con acciones innecesarias.

Y ahora declaramos que nos estás liberando una vez más y enderezando nuestras consciencias, de manera que vivamos de acuerdo con lo que es verdad, que es tu amor y es incondicional para todos. Establecemos este propósito supremo, lo llevamos en nuestros corazones, santificamos nuestra dedicación, actuamos con nuestra devoción renovada, dejamos de lado nuestros apegos y distracciones, nos enfocamos en nuestra sabiduría para que actuemos de acuerdo con nuestra naturaleza divina, que encontremos el camino directo que pusiste ante nosotros, la claridad, la fuerza y el conocimiento.

Te damos gracias por llenar nuestros corazones, y lo afirmamos con nuestro aliento en cada momento. Al inspirar nos llenamos de las bendiciones. Al espirar dejamos salir nuestros dones, nuestro sacrificio, de buena gana, abierta y libremente para todos. Danos siempre más para que podamos expandirnos más allá de todas las limitaciones, y nos encontremos trascendiendo y conociéndonos a nosotros mismos en el Alma.

Aceptamos tu paciencia, la paciencia que siempre prevalece y vence.

Aceptamos tu paz, la paz que es entender que ya está hecho.

Baruch Bashan.

"El amor, ahora un nacimiento universal,
Va sigiloso de corazón en corazón:
De la tierra al hombre, del hombre a la tierra:
Es la hora de sentir.
Un momento puede darnos más
que años de razonamiento trabajoso;
Y del poder bendito que rueda alrededor, abajo,
arriba
Determinaremos la medida de nuestras almas:
Estarán en armonía con el amor."

WILLIAM WORDSWORTH

"Si buscas remontarte al cielo,
hazte amigo de todos los hombres.
Nunca guardes rencor en tu corazón.
El deleite de la amistad es el Paraíso.
Cuando hablas de enemigos,
tu corazón se llena de espinas y víboras."

RUMI

Capítulo Cuatro

La bendición de amarnos los unos a los otros

Dios siempre responde a nuestros llamados.
La pregunta es: ¿estamos escuchando?

EN 1992 RECIBÍ UNA CARTA de un amigo a quien quiero, que trataba de la situación que llamó la atención del mundo como resultado de los disturbios en Los Angeles, después del veredicto en el juicio de Rodney King. Una parte de la carta decía:

> "Los disturbios en Los Angeles me perturbaron mucho. Han pasado varios días, y estoy comenzando a lograr algo de altitud sobre la situación, pero me gustaría que me asistieras a lograr mayor claridad.
>
> Hoy recibimos un memorándum en mi oficina, pidiendo donaciones de comida para los residentes de la parte afectada en Los Angeles; inmediatamente lo pasé a mis compañeros de trabajo. Me sorprendió la respuesta que recibí, que se podría resumir así: '¿Por qué tenemos que ayudar a la gente que incendió su propio vecindario?' Hablé de la manera más convincente que pude a favor de asistir a los necesitados, pero mis palabras parecieron no tener impacto frente a la energía emocional que mis amigos tenían sobre el asunto.

Cuando llegué a casa le conté la experiencia a mi esposa, y me enteré de que mi hija había pasado el día entero vomitando. Mi esposa y yo consideramos qué podría estar afectándola, y una de las cosas que se nos ocurrió fue la negatividad que estaba surgiendo de muchos niveles. Me di cuenta de que la situación era otra oportunidad de elegir internarme en La Luz.

Reflexioné sobre todo lo que había oído en la radio ese día, sobre gente que se movilizaba para proveer ayuda a los residentes afectados. Me di cuenta de que existía la posibilidad de hacer una declaración de amor y perdón incondicional ofreciendo ayuda no solamente a las 'víctimas inocentes', sino también a cualquier persona que la solicitara.

Mientras consideraba el poder de esas acciones, me pregunté si los disturbios sucedieron para ofrecernos la oportunidad única de dejar atrás las barreras que nos impusimos nosotros mismos, y que existen entre los vecindarios, y crear la percepción de que cada uno de nosotros es, finalmente, responsable por la calidad de vida de esta zona que ha sido llamada 'la Ciudad de los Angeles'. Quedaría muy agradecido de recibir tus ideas y comentarios."

Esta fue mi respuesta a su carta:

"Siempre será verdad que cada situación en nuestras vidas es un desafío y una oportunidad de elegir internarnos en La Luz. La única diferencia es a qué grado nos sentimos desafiados por la naturaleza de cada situación. Tal vez sea un desafío más grande elegir internarnos en La Luz cuando estamos alegres y contentos, porque tendemos a olvidar la importancia de elegir La Luz cuando estamos en los mejores momentos.

Hay un dicho de la época de la guerra: 'Cualquiera que esté en una trinchera conoce a Dios'. En los peores momentos aún los no creyentes más dedicados se acuerdan de Dios. **Dios siempre responde a nuestros llamados. La pregunta es: ¿estamos escuchando?** ¿Estamos oyendo las respuestas de Dios y ateniéndonos a ellas?

Tal vez la respuesta obvia sea que no, considerando los disturbios en Los Angeles y las muchas otras situaciones en el mundo en las cuales existe violencia, enfermedad, corrupción, injusticia y cosas por el estilo. Desde tiempos inmemoriales los seres humanos han ignorado y violado consistentemente la respuesta de Dios. El resultado es el desastre en que nos encontramos, individual y colectivamente, en el mundo actual.

Una de las respuestas maravillosas, que se aplica a todos nosotros, es: 'Amad a vuestros enemigos'.[1] Tal vez puedas proponer esta idea a tus colegas para ver qué responden. Por supuesto que el camino a seguir para amar a nuestros enemigos comienza con el perdón, y pasa por la voluntad incondicional de dejar atrás el pasado y vivir en la presencia del amor.

1. Mateo 5:44

Debemos aprender a romper las barreras de la separación causadas por modelos de odio e intolerancia que se han repetido a través de generaciones y culturas. El verdadero 'enemigo' vive adentro de nosotros en la forma de odio, miedo, condenación, indiferencia, etc. La forma de vencer a los enemigos que encontramos adentro y afuera es mediante el amor incondicional y la aceptación. Demostramos el amor con las elecciones que hacemos, y dónde ponemos nuestra atención. Durante los tiempos de enormes trastornos y negatividad incontenible en el mundo, a menudo nos cuestionamos nuestra habilidad de vencer—y hasta de sobrevivir—a los enemigos que nos confrontan.

La respuesta es siempre dar por terminados los ciclos de negatividad perpetua, individual y colectivamente, contestando al llamado de amar incondicionalmente. Siempre se ha justificado la revancha con la venganza, odio por odio y violencia por violencia. El amor se justifica con amor, el cuidado con el cuidado, el dar con el dar. **El ciclo de Dios, el bien, se rompe con un solo acto negativo. El ciclo de negatividad se detiene eligiendo el bien, no solamente una vez, sino una y otra vez, hasta que el bien domine completamente tu vida y nuestro mundo.**

Un día cada uno de nosotros entenderá que la negatividad, aunque es una opción, nunca es la respuesta de Dios o la intención de Dios para con nadie, no importa cuán malvados hayan decidido ser. La tarea de Dios es siempre amarnos incondicionalmente y perdonarnos a todos, lo que aún incluye la responsabilidad de dar por terminada la oposición que nos confronta.

Muchos han dicho que los disturbios y trastornos del mundo se deben a las diferencias entre 'los que tienen' y 'los que no tienen'. No es así. O todos tenemos o ninguno tiene. Se parece a la frase famosa de Shakespeare: 'Ser o no ser'. Hay enormes diferencias en las condiciones ambientales y culturales en que la gente vive en el mundo. Dichas condiciones van desde las más maravillosas a las más despreciables. Sin embargo, **Dios tiene una respuesta que va más allá de cualquier condición y se extiende a toda su creación. Esa respuesta, ahora y para siempre, es amar.** Amor es lo que todos tenemos siempre. El no tener sucede cuando nosotros—cualquiera de nosotros en cualquier momento—nos negamos a amarnos a nosotros mismos, a otros, o a cualquier cosa.

Requiere enorme fortaleza ver la faz de Dios en aquellos que utilizan la destrucción como forma de expresión. Cada vez que confrontamos negatividad en otras personas o en situaciones, debemos esforzarnos para llegar a la respuesta de Dios a toda la creación: '...que os améis los unos a los otros como yo os he amado',[2] '...amarás a tu prójimo como a ti mismo',[3] y amar a toda la creación '...con todo tu corazón, con toda tu alma y con toda tu mente'.[4]

Agradece que has sido sacudido, y verás que el sacudón te sirve a ti y a todos los afectados para encontrar la verdad sólida. Agradece que tienes cualquier oportunidad,

2. JUAN 15:12
3. MATEO 19:19
4. MATEO 22:37

grande o pequeña, de expresar tu caridad y compasión sin que te importe la resistencia o la indiferencia que enfrentas. Amar es tu verdadera naturaleza, así como la verdadera naturaleza de quienes actúan en contra de ella, eligiendo la negatividad. Este, en parte, es el llamado de Dios a cada uno de nosotros. Esta, en parte, es la acción divina y la participación en las bendiciones que ya están dadas.

Tal vez puedas aprender de Tom Sawyer, que debía pintar la cerca en su día libre. Presenta la situación de ayudar a la gente de Los Angeles, la tarea de cuidar a nuestro hermano en su momento de necesidad, como un proceso liviano y divertido en el cual todos querrán participar. Puedes también preguntarles a tus colegas qué piensan que les sucedería si vivieran en esa zona de Los Angeles, en las condiciones existentes, uno y otro y otro día, viendo que la situación no parece más que empeorar.

Cuando aprendemos a considerar el dolor y el malestar que una persona debe llevar adentro para actuar negativamente, comprendemos con compasión que no queremos hacer nada para producirle aún más dolor. Es más, nosotros sabemos que herir a otros es igual que herirnos a nosotros. Sencillamente rehusamos dar una respuesta que no sea el amor. Nos regocijamos de la elevación de nuestro hermano o hermana tanto como nos regocijaríamos de nuestra propia elevación. Cuando dos o más de nosotros nos regocijamos en la elevación del otro, veremos el Rostro de Dios, regocijándose con nosotros."

Baruch Bashan.

Una bendición de entrega

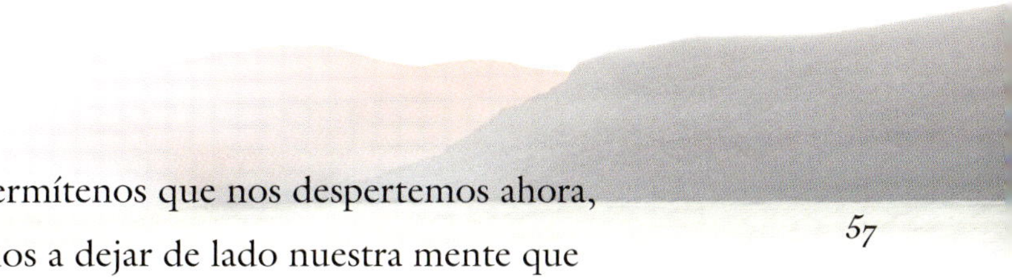

AMADO SEÑOR, permítenos que nos despertemos ahora, una vez más. Ayúdanos a dejar de lado nuestra mente que nos dice que tú no estás aquí y ahora. Ayúdanos a dejar de lado nuestras dudas y nuestros miedos.

Elévanos al corazón del Espíritu. Revela una vez más nuestra dicha, la celebración de nuestra vida como un Alma, como uno que vino a este mundo lleno de bondad, lleno de pureza y dedicación a la verdad, y vivo con amor interminable a través del desbordamiento de abundancia, prosperidad y del bien para todos.

Ayúdanos a ser un claro ejemplo de la vida de Dios en este mundo. Aviva ese Espíritu en nosotros. Elimina lo que nos mantiene en la falta de conocimiento, para que nos transformemos en conocedores de Dios.

Danos una visión ahora, una experiencia interna que llevemos con nosotros a este mundo, en la cual veamos nuestros pies firmemente plantados en la tierra, y demos la bienvenida a este día. Demos la bienvenida a las circunstancias en las cuales nos encontramos.

Vemos la belleza, conocemos la armonía y la paz de que se haga tu voluntad.

Haznos intrépidos y claros en nuestra expresión del Espíritu. No hace falta contenerse. Estamos llenos del bien. Nuestra bondad es fuerte. Te percibimos en tu Espíritu. El mundo ya no puede contenerlo. Nos dirige hacia nuestra liberación; nos eleva por encima de las limitaciones que encontramos aquí.

Lo que vemos en el mundo no nos desalienta. El pesimismo, la negatividad, las deudas, la necesidad o el odio que podamos encontrar, en nosotros o en otros, no nos disuaden. Nada nos desalienta, y cada situación nos eleva.

Nos elevamos en tu consciencia y en tu energía. Nos enderezamos donde hemos estado doblegados por el peso de los juicios o la vergüenza. Nos deshacemos libremente de las cosas que nos han endurecido o encerrado en ideas y conceptos de restricción que hemos convertido en rituales.

Reflexionamos sobre aquello que está en el corazón y sobre el amor y la alegría, expandiéndonos más allá de cualquier limitación, de cualquier cadena que aprisione nuestra unidad contigo.

Nos perdonamos por vernos a nosotros y a otros como prisioneros, como menos que divinos. Eso no es parte de nuestra consciencia de amor.

Nos bendecimos así como bendecimos a los demás.

Transformamos este mundo en un jardín una vez más, en un mundo con su pureza original, donde florece el bien y lo único que se percibe es armonía y paz.

Somos tus hijos; estamos cumpliendo lo que has creado para que lo regresemos a ti. Aceptamos encantados la apertura de nuestro corazón, que revela tu verdad. Estimúlanos una vez más. Aumenta nuestra vibración; elévanos en tu propósito. Estamos abiertos. Estamos completos en nuestra unidad contigo.

Te alabamos. Oímos tu melodía. El Sonido y La Luz nos rodean.

Otra dulce entrega. Dejamos ir. Te dejamos hacer a ti, Dios.

Baruch Bashan.

Una bendición de la presencia divina

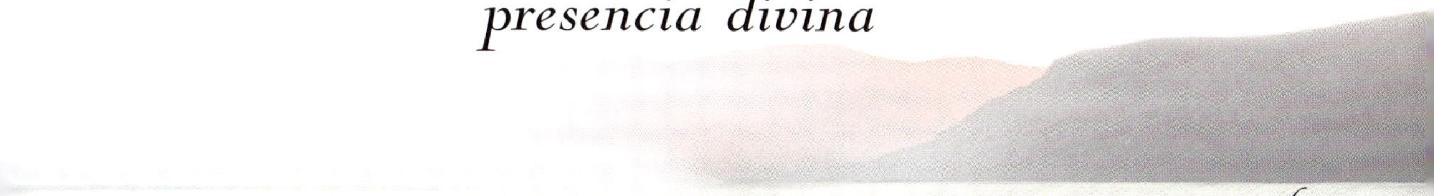

PADRE-MADRE DIOS, te pedimos que nos demos cuenta
ahora de tu presencia en nosotros;
que seamos más conscientes de tu Luz y tu amor
rodeando, llenando y protegiendo a cada uno de nosotros;
que nos hagamos presentes, activos en tu propósito.

Pedimos estar alineados, abiertos al cambio.
Estamos abiertos para dejar ir lo que ya no nos sirve.
Pedimos dirección, fortaleza, buena voluntad
para que elijamos actuar para el bien mayor de todos;
que con cada aliento estemos activando esta consciencia
que da servicio,
que conoce al Cristo, el que es ungido por ti,
preparando el camino, despertando al espíritu que
llevamos dentro,
que es El Espíritu Santo que respiramos.

Este es El Espíritu Santo que nos despierta ahora,
una consciencia de tu aliento,
que tus pensamientos, tus emociones sean los que nos impulsan,
sean lo que pedimos y a lo cual nos entregamos
como un proceso de lo Divino en cada momento.

Te pedimos que nos recuerdes cualquier cosa que
necesitemos aprender.
Pedimos ser conscientes para saber qué nos serviría
dejar ir;
que te dejemos tomar las riendas,
que nos hagamos uno contigo dejando que se haga tu voluntad.

Bendice todas las cosas pequeñas.
Bendice todas las cosas con las cuales vivimos,
las condiciones con las cuales nacimos:
bendícelo todo.

Te pedimos que esta bendición se extienda al mundo
y a todas las fuerzas y consciencias
que influyen este mundo a través del tiempo.
Somos los que pedimos la presencia de las más grandes bendiciones.

Cualquiera que sea nuestra tarea, nos ofrecemos con buena voluntad,
como una dedicación.

Y sabemos que la sencillez de este movimiento
es amarnos los unos a los otros como tú nos has amado,
y cobramos ánimos a partir de ti.

Baruch Bashan.

"Es necesario recordar que la perfección
no se logra en el plano físico:
Con el cuerpo físico nadie es perfecto.

En la expresión del Alma, ya eres perfecto:
Todos lo son.

En la consciencia del cuerpo, las emociones y la mente,
estás trabajando para llegar al equilibrio
para que puedas ver más fácilmente la perfección
del Alma."

JOHN-ROGER

Capítulo Cinco

LA BENDICIÓN DE ACEPTAR LA PERFECCIÓN

Las mejores elecciones serán siempre las que contengan más amor.

Cuando era joven oía a menudo las expresiones: "Pórtate bien", y "Pórtate de lo mejor". Aunque siempre me las he arreglado para portarme de alguna manera, no siempre me he portado de lo mejor. Como muchos de nosotros, hay una parte mía que tiene la esperanza de, uno de estos días, hacer las cosas bien de una vez por todas.

Al principio portarme bien significaba, fundamentalmente, no meterme en líos con mis padres, mi hermano y hermana, las personas que me cuidaban, los maestros, los que me peleaban o los que me hacían bromas pesadas, etc. A menudo tenía poco éxito. La vida era una serie de episodios en los cuales los conflictos estaban siempre en el horizonte. Hiciera lo que hiciera, no podía dejar de meterme en líos.

Tal vez te preguntes a qué tipo de conflicto me refiero. No he estado preso. No he estado hospitalizado excepto cuando me pusieron en cuarentena con un caso severo de sarampión. No fui abusado de acuerdo con ningún estándar de nuestra sociedad. Nunca pasé hambre, ni me faltó ropa o techo. En general le caía bien a mi familia y a mis compañeros, y se me dieron mucha educación y oportunidades. Crecí en una de las culturas más prósperas del mundo. De acuerdo con la mayoría de los estándares se podría decir que he tenido una vida muy afortunada hasta este momento. Entonces, ¿cuál era mi problema?

Ninguno, es decir "ni-uno". El problema real era mi percepción de que tenía problemas, o que me metía en líos. Cada vez que interpretaba una situación como un problema o un lío, lo era. Y por supuesto, cuando decidía que una situación no era un problema, no lo era.

Tal vea hayas oído decir: "No juzguéis, para que no seáis juzgados".[1] En otras palabras, no juzgues si no quieres transformarte en ese juicio. Habrá quienes cuestionen esto y pregunten: "¿Quieres decir que si me rompo una pierna, y me duele mucho, debo pretender que no se me ha roto y que no me duele?" No, no estoy sugiriendo que niegues tu experiencia. Es más, es imperativo que reconozcas tu experiencia.

Lo que estoy diciendo es que **un juicio es una interpretación negativa e innecesaria de tu expe-**

1. Mateo 7:1

riencia. Si decides que porque te rompiste la pierna y te duele, tu vida ha quedado arruinada, te has juzgado a ti mismo y a tu situación. De la misma manera, si declaras que ya no vale la pena vivir tu vida y maldices tu existencia, te has juzgado a ti mismo otra vez.

También puedes proyectar los juicios hacia otras personas y cosas fuera de ti. Si tomas un periódico y lees sobre gente o situaciones que, tú decides, son equivocadas, malas, negativas, etc., has emitido un juicio y te has puesto en situación de transformarte en la naturaleza de ese juicio. Algunos podrían preguntar: "¿Y qué pasa con las cosas tan terribles que hace la gente y que suceden en el mundo? ¿Debo pretender que son maravillosas y que no existen los problemas y las controversias en el mundo?" No. El juicio se manifiesta cuando interpretas innecesaria y negativamente tu experiencia o percepción.

Es mi interpretación que la negatividad y el dolor son los mensajeros que nos traen las mejores oportunidades que están a nuestra disposición. La negatividad y el dolor nos dicen que las cosas podrían ser mejores y que, a menudo, la forma en que son es innecesaria, o que se pueden mejorar. Hay quienes podrían preguntar: "¿Qué hago con las situaciones en las cuales la negatividad y el dolor continúan empeorando, no importa lo que haga?" A menudo he oído a John-Roger referirse a lo que decía su madre: "Si no te mata, te hará más fuerte". ¿Y si te mata? **En realidad, solamente el cuerpo muere. *Tú* sigues viviendo, más fuerte gracias a tus experiencias, no importa cuán severas sean.**

¿Estoy diciendo que ninguna de las cosas que suceden, las situaciones, el dolor, la negatividad y todo eso que sucede en el mundo, es un problema? Es exactamente lo que estoy diciendo, cuando los problemas se representan como tragedias, oposición, desánimo, etc. Un mundo sin problemas es un mundo perfecto. **El mundo de Dios es un mundo perfecto. Es verdad que hay sufrimiento y lecciones, pero solamente los juicios humanos crean la ilusión de que el mundo de Dios—el mundo en que vivimos—es imperfecto.**

Un día, cuando tenía veinte años y estaba por graduarme de la universidad, el Espíritu me dio el siguiente mensaje, de manera sumamente clara: "La vida es como la hagas". Me di cuenta de que podía elegir exactamente lo que quería hacer con mi vida. Esta revelación me dejó extático.

Ese mismo día mi novia del momento había planeado un almuerzo, durante el cual yo iba a conocer a su padre, que estaba en la zona en viaje de negocios. Nunca lo había conocido, y era algo que ella realmente deseaba.

En el medio de la revelación que me había dejado en éxtasis, me llamó por teléfono. Estaba muy contrariada porque su padre había tenido que cancelar el almuerzo. Yo, por otro lado, continuaba en el medio del éxtasis de mi revelación, que mi vida iba a ser lo que yo hiciera de ella. Vi cómo este cambio era perfecto, y se lo dije. No le hizo gracia lo que le dije y, por supuesto, se sintió aún más contrariada. Traté de explicarle que podíamos tener un día estupendo de todas maneras—un día aún mejor—ahora que el almuerzo se había cancelado. Ella estaba cada vez más enojada y confundida. Yo continué, tratando de explicarle que me encantaría conocer a su padre, pero que podíamos tener un día tan magnífico como quisiéramos, sin que importara lo que sucediera. Más confusión.

En ese momento me di cuenta de que si la iba a amar de una manera que ella pudiera entender, tendría que abandonar la consciencia de éxtasis en que me encontraba. Ella creía que me había vuelto loco, o que me estaba sucediendo algo muy raro. Elegí regresar a mi expresión usual, seria y rígida, para que ella pudiera relacionarse conmigo como la persona que había conocido, en lugar de continuar expresando la verdadera realidad que había encontrado adentro de mí.

Ese día tuve una profunda experiencia del desafío que implica expresar la naturaleza del Alma en un mundo que se identifica fuertemente con los problemas y la negatividad. **Solamente conectándonos con la naturaleza del Espíritu podemos**

darnos cuenta de que todos los problemas y la negatividad del mundo no son más que situaciones, y que podemos decidir cómo queremos que sean. Al fin y al cabo, ¿por qué no elegir lo mejor que podemos, y usar todo para elevarnos y aprender?

Las mejores elecciones serán siempre las que contengan más amor. No importa lo que confrontes en tu interior o en el exterior, busca las elecciones que contengan más amor y dirige tu expresión hacia acciones que reflejen esas elecciones. El poder del amor no tiene límites. El amor es supremo en este mundo y en los mundos que vienen. Te portarás de lo mejor cuando tengas amor en tu vida cada día, y en cada forma. Estamos aquí para transformarnos en la encarnación del amor.

Baruch Bashan.

Una bendición de verdad y amor

Esta es una bendición para preparar un lugar en cada momento y en todo momento, para que estemos realmente preparados para lo que se presenta. Es importante saber que lo que se presenta primero viene de adentro y que la naturaleza de nuestra consciencia en este es mundo es que ella, también, viene de afuera de nosotros, para que podamos tener la experiencia de la creación de Dios en muchas, muchas dimensiones.

¿Cómo, entonces, nos preparamos para las experiencias que se presentan de adentro y de alrededor? Nos preparamos dejando ir, teniendo fe en que la voluntad de Dios se cumplirá, y presentándonos en este momento en amor y Luz, que es todo lo que somos. Y cualquier cosa que sea menos que amor y Luz la dejamos ir, y sabemos

que es verdaderamente nada. Viene de la nada, va hacia la nada, y lo que queda es el verdadero amor: el amor que es verdad, la verdad que es amor.

NOS ABRIMOS EN ESTE momento a tener la experiencia de amor y verdad en todas las cosas. En cualquier cosa que experimentemos o encontremos, ya sea que nos guste o no nos guste, ya sea esperada o inesperada, no importa cuál sea su naturaleza, lo abarcamos todo en verdad y amor dejando ir y teniendo fe en la voluntad de Dios.

Esta voluntad lo contiene todo, en tu aliento: inspirando y espirando. Y tal como tienes la experiencia de que tu respiración es un proceso constante, hacia adentro y hacia afuera, así, también, ten la experiencia de que tu amor es un proceso constante, hacia adentro y hacia afuera.

Pedimos ahora la presencia de una consciencia más elevada, que nos revele lo que debemos hacer. Y lo que debemos hacer lo aceptamos como un proceso que se lleva a cabo instantáneamente en cada momento, a través de la aceptación incondicional, a través de la cooperación, sabiendo que todas las cosas se nos presentan de alguna manera que nos sirve, que todas las cosas nos elevan, que todas las cosas son una fuente de aprendizaje y crecimiento de la mejor manera posible. Así que sin importar lo que consideres ahora mismo, ves la verdad, revelada en La Luz, revelada en amor.

Encuentra tu valentía, la consciencia que surge de la fuerza, la fuerza que es el propósito de Dios, la intención de que se haga la voluntad de Dios.

La voluntad de Dios se lleva a cabo a través del estado de perfección. En esta perfección nada necesita cambiar y todo está cambiando. Y así siempre tienes la oportunidad de soltar, de permitir el cambio que es la voluntad de Dios, de dejar ir tu voluntad que proviene de cualquier estado de ilusión y falsedad, y aceptar completamente todo lo que es tu experiencia, la real verdad de quien eres, la verdad en todas las cosas.

En este momento tienes una oportunidad de, una vez más, dejar ir a través del tiempo, a través de acciones pasadas, hacia La Luz, y se te eleva en el amor que es el Cristo, El Espíritu Santo. Estás recibiendo claridad, purificación y limpieza. Se te está renovando en el

Sancto Sanctorum,[2] el estado puro de tu Alma, la consciencia de Dios.

Y de hoy en adelante, y en este momento, debes honrar al Bienamado, manteniendo la santidad, la dicha, esa consciencia de gracia que es la consciencia del perdón. Así que perdona. Y sonríe frente a tu creación como sonríes ante toda la creación de Dios.

Baruch Bashan.

N. del T. Holy of Holies en inglés; el lector lo puede también sustituir por Santo de Santos, o Santo entre los Santos.

"Para aprender el secreto de la Transcendencia del Alma,
ve solamente lo bueno,
lo Divino en la gente y las cosas,
Y déjale todo el resto a Dios."

JOHN-ROGER

"Acostúmbrate a ver
siempre la Divinidad."

PITAGORAS

Capítulo Seis

LA BENDICIÓN DE VER LO BUENO EN TODAS LAS COSAS

Ten cuidado con lo que pides, porque te lleva hacia lo que buscas,
y eso te lleva a lo que encuentras.

SIEMPRE LLEVO CONMIGO una tarjetita con una cita que dice: "Para aprender el secreto de la Transcendencia del Alma, ve solamente lo bueno, lo Divino en la gente y las cosas, y déjale todo el resto a Dios". La llevo conmigo porque, a veces, necesito que me lo recuerden. Han habido momentos en los cuales me ha sido difícil ver lo bueno, no solamente en la gente sino también en los acontecimientos, las emociones, los pensamientos y en varias situaciones.

Si me considero un Alma (y lo hago), entonces no puedo dejar de tener en cuenta esa frase como un estándar de vida. Es como si me dijeran: "Soluciona esto, y la puerta está abierta, y vas a lograr atravesar este mundo como un Alma". Para poder trabajar este principio, **necesito observar a cada persona, situación o cosa que me resulta desafiante y decirme: "Tiene que haber algo bueno aquí, en algún lugar. Siempre hay algo bueno. Lo divino está siempre presente. Mi tarea es buscar incesantemente lo bueno y lo Divino".**

Lo anterior está de acuerdo con lo que dicen las escrituras de la Biblia: "Buscad primero el reino (de Dios) y su rectitud, y todas estas cosas se os darán por añadidura".[1] *Mirar y buscar* son palabras que tienen una relación estrecha. Buscar o mirar no significa que primero debamos saber, comprender o creer. No requiere tener algo que buscar. Así que si no haces más que buscar lo bueno y lo Divino—y tienes fe en que exista—ese es el secreto.

A veces he tratado de maldecir lo invisible, Dios, porque me convencí de que buscar el bien no iba a funcionar. He pensado: "Esta es una situación en la que reina la maldad. Esta persona ha sido mala. No hay forma de que yo vaya a encontrar nada bueno aquí". Estaba viendo las cosas como equivocadas o malas. Estaba diciendo: "No soy yo quien está equivocado o mal. Es eso". En el proceso, me estaba separando de lo que parecía estar equivocado o ser malo.

Esa es la clave más importante, porque **más allá de mi percepción de cuán malo o equivocado sea algo, aún tengo la oportunidad de buscar lo bueno en el medio de mi "mala" experiencia.** Es como si por un lado oyera una pequeña voz que me dice bajito: "Si vieras lo bueno, si vieras lo Divino...", y por el otro lado oyera otra voz que dice: "No, no quiero buscar eso". En realidad, cuando rehuso ver el bien, estoy luchando contra él. Cuando busco lo bueno, lo Divino, siempre aparecen. Y concluyo: "Tienes razón". Me doy cuenta de lo tonto que soy cuan-

1. Mateo 6:33

do veo lo malo y me quedo allí, y en cambio podría estar buscando y encontrando lo bueno.

Cuando me doy cuenta de esto a menudo me siento avergonzado y divertido. Debo admitir qué malo, equivocado o tonto fui en juzgar. Y entonces tal vez tenga que ocuparme de la forma en que me enjuicié. Pero por lo menos estoy enfocado en mí nuevamente. Es mucho más fácil ocuparse de eso.

Es inútil tratar de ubicar los problemas afuera de mí y culpar a los demás. Es mucho más fácil manejar todo cuando vuelvo a hacerme cargo de la responsabilidad, porque comienzo a tener autoridad sobre la situación.

Buscar lo bueno no nos hace sentir bien, necesariamente. Me he preguntado: "¿Cómo dejo ir este juicio, ahora que me estoy ocupando de mí? Soy yo quien es todas estas cosas negativas que estoy reconociendo. Nunca fue culpa de ellos".

Puede ser difícil confrontar esta situación. Cuando recuerdo el dicho cristiano: "...cuanto hicisteis a uno de estos hermanos míos, los más insignificantes, a Mí lo hicisteis",[2] me siento desalentado. No puedo decir: "Ah, no, no a ti, Señor. No te hice eso a ti". Me doy cuenta que: "Sí, te lo hice a ti cuando se lo hice a los más insignificantes".

¿La referencia "los más insignificantes" incluye solamente a la gente? Tal vez incluya también a las cosas más pequeñas. ¿Y si cuando pateas el paragolpes o la puerta de

2. Mateo 25:40

tu automóvil también se lo hiciste al Señor? Un día se me ocurrió eso y pensé: "Dios mío, ¿cómo voy a librarme de todas mis transgresiones?" Ese fue el día en que realmente comencé a aprender sobre el perdón. Comencé a saber que cuando busco lo bueno y lo Divino, se me dará lo bueno y lo Divino.

Esta es la clave para tener una relación realmente maravillosa: ver lo bueno en todas las cosas que estoy manejando. Ver lo bueno me mantiene alineado adentro. Cuando estoy alineado todo funciona bien. Esos son los días en los que canto y bailo, en paz y en amor. Sé que cuando no me siento así, perdí la pista. De alguna manera perdí noción del bien y estoy buscando algo inferior a lo Divino. Esto, de hecho, se puede tornar en positivo si tengo la inteligencia de darme cuenta que, **para saber que si perdí la noción de lo Divino, una parte de mí debe saber dónde está lo Divino.**

Siempre puedo comenzar el proceso de volver a alinearme con lo Divino perdonándome por olvidar que lo bueno está en todas las cosas. Para mí esto es parte del proceso de dejar ir y dejar hacer a Dios, porque tengo fe en que todas las cosas provienen de Dios: ¡y lo que proviene de Dios es bueno!

El proceso de regresar a lo Divino nos incluye a todos. Nos aproximamos a lo Divino cada vez que vemos lo bueno y buscamos lo Divino. El proceso divino es sencillamente mirar y buscar el bien mayor. La parte del proceso que nos desafía es mantener el enfoque. Siempre vale la pena confrontar ese desafío. Y además, no hay forma de evitar lo bueno, porque está siempre presente. Lo puedes encontrar riéndote; lo puedes encontrar llorando. Lo puedes encontrar pataleando; lo puedes encontrar gritando. No importa cómo veamos a la gente y las cosas, a medida que reclamamos las bendiciones que ya existen vamos a encontrar lo bueno que está siempre presente.

No importa lo que pase, o si lo entendemos, siempre podemos abrirnos a la protección y la gracia de Dios. Yo todavía estoy aprendiendo a hacerlo. Todavía soy humilde. No pretendo que lo tengo controlado. Estoy buscando. Sé cuál es mi intención, y es ir hacia Dios. Esa es la forma en que lo digo adentro. No me importa necesariamente si los demás entienden qué significa, porque es algo entre Dios y yo.

Cuando comienzo a adueñarme de mi relación con Dios, se transforma en una unidad. Comienzo a hacerme cargo de que cuando hago algo "a los más insignificantes" también me lo hago a mí. Y cuando se lo hago al "más grandioso" también me lo hago a mí. Yo soy parte de todo, y no hay nada en la relación que no sea yo.

Entiendo que esto es de naturaleza relativa, que existe una naturaleza individual que permite que todos tengan su propia experiencia. Mi actitud es que se me dio este cuerpo, y Dios dice: "De eso te ocupas tú. Yo me encargo del resto". Pienso que es una relación magnífica: que Dios se encarga del resto y me hace saber claramente de qué me tengo que encargar yo.

Mientras esté en este mundo, siempre llevaré mi cuerpo conmigo. Entiendo que mi cuerpo es parte de este mundo, así que me encargo de él. Mi actitud es que el cuerpo es un templo. Es un lugar donde Dios puede habitar. ¿Qué voy a hacer para que sea un lugar en el que Dios se sienta bienvenido?

Prepara un lugar en el cual lo Divino pueda morar en ti. Ya lo hace. Te puedes permitir armonizar más con lo Divino, para que lo Divino se transforme totalmente en ti. Sé lo Divino en tus palabras, en tus acciones y en tus pensamientos. Cuando te haces uno con la consciencia más elevada, que es Dios, no hay nada que no puedas vencer, porque él es quien supera todas las cosas, el que triunfa en el mundo. Cuando estás inmerso en cosas que te desvían del camino hacia lo Divino, estás en una consciencia más baja. Estás lidiando con la mentira, el engaño o la ilusión. La pregunta es: "¿A quién sirvo? ¿A quién sigo?" La Biblia lo dice así: "...escoged hoy, según lo que más os agrade, a quien debéis servir".[3]

Me di cuenta que decidir servir al bien mayor es una elección que se toma momento a momento. No es suficiente decidirlo hoy e imaginar que es todo lo que hace falta. Tengo que continuar eligiendo. Deseo hacerlo cada vez que respiro. Me doy cuenta cuando no estoy eligiendo el bien mayor porque comienzo a entrar en la negatividad. La negatividad comienza a aparecer en mi cara y en mis ropas y en mi automóvil. Está en todas partes. Prendo la televisión, y allí está. Cuando estoy inmerso en eso pienso que no me puedo escapar. Pero entonces oigo la voz suave: "Sí, puedes. Cuando te ubicas en la consciencia que vence

3. Josué 24:15

a la negatividad, puedes ver lo bueno en todo". Y lo que parecía ser malo se transforma en cosas buenas que me son dadas por añadidura.

La consciencia más elevada ve el bien en todo. Esa es su naturaleza. Cuando no estás viendo las cosas así, muévete. Cambia tu enfoque. Busca el bien y, sin duda el bien y, aún más, el bien mayor que es lo Divino, te será dado por añadidura, hasta que te des cuenta de las bendiciones que están presentes.

Tal vez preguntes: "¿Hacia dónde voy?" Ve hacia Dios. "¿Quién es Dios?" Dios es amor. Comienza allí. Desde donde estás ahora, pregunta: "¿Cómo puedo amar a esta persona y a esta situación?"

Pregunta. Esa es la clave de la búsqueda. Buscar es la clave para encontrar. **Ten cuidado con lo que pides, porque te lleva hacia lo que buscas, y eso te lleva a lo que encuentras.**

Cuando se te presenta un impedimento en el camino, pregúntate cómo puedes amarlo. Es entonces cuando te darás cuenta de cuán dispuesto estás a buscar el bien y lo Divino. Una vez que encuentres el bien y lo Divino en todas las cosas, sabrás que siempre estás bendito. Las bendiciones moran en ti. Las bendiciones te encuentran porque tú las buscas, y sabes que están siempre contigo.

Baruch Bashan.

Una bendición de renovación

❧ OREMOS.

Señor, Dios, te pedimos que nos visites a cada uno de nosotros íntimamente ahora, para que te conozcamos personalmente; si hemos creado cualquier barrera y separación con nuestros errores, con nuestros malos entendidos, con nuestros olvidos, te pedimos que los disuelvas en este momento, para que te recibamos total y completamente, que no haya nada que podamos esconder, que cuando nos recibas nos limpies, nos renueves y nos regreses a la gloria de Dios, por la cual fuimos hechos.

Y pedimos que esa chispa que es lo Divino se prenda, para que veamos que somos una nueva Luz, una nueva consciencia que ve el bien en todo, y que como nos has concedido la chispa de lo Divino una vez más, para que seamos una nueva

Luz, sigamos adelante en la dedicación de servir, sigamos adelante en La Luz que es la consciencia de amor hacia todo.

Agradecemos esta gracia, la compasión que nos extiendes a través de tu perdón.

Te damos gracias por tu constante comprensión de las cosas que hicimos, y porque nunca nos reprochaste ni siquiera una. No es tu naturaleza. Y te pedimos que nosotros, también, reconozcamos esta naturaleza del amor incondicional.

Elegimos en este momento la bendición que nos otorgas en nuestro corazón y en nuestro radiante ser. Observamos el mundo con esta compasión, esta consciencia del Bienamado, tu Ungido, y aceptamos esta unción en este momento.

Por tu gracia nos iniciamos en el advenimiento de tu unción, y nacemos nuevamente en lo Divino, renovados en lo Divino, caminamos como tu Bienamado, sintiéndonos dichosos en el silencio de tu ser. Y con ojos compasivos y a nuestro propio modo, extendemos tu cuidado.

Y te pedimos también que se nos conozca como tus amigos.

Baruch Bashan.

Una bendición de santificación

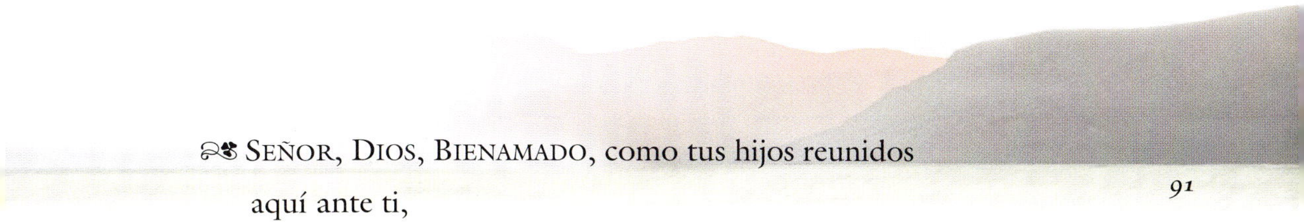

SEÑOR, DIOS, BIENAMADO, como tus hijos reunidos
aquí ante ti,
te pedimos que nos bendigas con tu amoroso abrazo y
que cada uno de nosotros pueda saber en este momento que
somos tus hijos,
que nos abrazas con amor y cuidado,
que nos quieres,
y que nos perdonas nuestros errores, y lo que no
sabemos o no entendemos,
que en esta consciencia del Cristo
la negatividad, las cargas de este mundo quedan todas
disueltas y eliminadas,
que podemos venir y morar en ti,
que tienes un lugar preparado para nosotros, un lugar de
belleza, un lugar de santidad que es santificado y que es
de tu naturaleza santa,
que inspiramos esta naturaleza santa, y la espiramos.

Te pedimos que nos endereces donde veas que nos hace falta,
que tengamos confianza y dejemos atrás nuestros temores.
Dejamos ir nuestros comportamientos que nos desvían, que
nos llevan hacia la oscuridad y el dolor.

Pedimos que despertemos al Espíritu de lo Divino, El
Espíritu Santo,
que se nos conforte una vez más, sabiendo que se hace
tu voluntad,
que demos gracias por nuestra vida, tal cual es,
por este mundo, tal cual es.

No estamos aquí para pelear o luchar.
Estamos aquí para amar y ser amados.

Y permítenos oír la suave, clara voz de dirección,
la voz de la verdad,
viviendo y morando en nosotros cada día,
para que nos guíe hacia bendiciones aún mayores.

Baruch Bashan.

"Se elevó veloz y me envolvió la paz y
el conocimiento de que todo pasará el altercado de la tierra,
Y sé que la mano de Dios es la promesa de la mía,
Y sé que el espíritu de Dios es el hermano del mío,
Y que todos los hombres nacidos son también mis hermanos, y las mujeres mis hermanas y amantes,
Y que una sobrequilla de la creación es el amor..."

WALT WHITMAN

"Alma, cuyo órgano él es,
si lo dejara advertir a través de sus acciones,
nos haría caer de rodillas.
Cuando respira a través de su intelecto, es genialidad;
cuando respira a través de su voluntad, es virtud;
cuando surca a través de su afecto,
es amor."

RALPH WALDO EMERSON

Capítulo Siete

La bendición de estar alineados con Dios

La realidad interna del Espíritu siempre será mejor que su manifestación externa.

HACER LA TAREA DE DIOS es estar dirigido espiritualmente, lo que se traduce como estar dirigido internamente. Aquellos dirigidos internamente por El Espíritu tratarán, en lo exterior, de cooperar y participar con la corriente de la manifestación del Espíritu. Este intento está a menudo plagado de inconvenientes, dificultades, incomodidades, y el roce de las personalidades.

La realidad interna del Espíritu siempre será mejor que su manifestación externa. El Espíritu es la fuente de inspiración que llevas dentro. El lugar de inspiración es siempre más puro, más claro, más luminoso, más maravilloso que lo que termina manifestándose. Cuando participas del amor externo y las bendiciones externas, es el momento de alabar y dar gracias de que la bendición *interna* se haya podido manifestar también *afuera* de ti.

Las bendiciones que ya existen pueden reflejarse afuera de ti. La conexión entre las bendiciones internas y externas es el amor. **El lenguaje común del Espíritu en este nivel es el amor.** Siempre y para siempre, en primer y último lugar, asegúrate que lo que hagas lo hagas a través del amor.

Representar al Espíritu en el mundo es una gran responsabilidad, así como también una gran oportunidad, porque el Espíritu está siempre disponible para aquellos que lo eligen.

Aquellos que están eligiendo servir al Espíritu se están comprometiendo a alinearse y a mantener esa alineación. Tu naturaleza inferior te desafiará tan pronto como hagas el compromiso de alinearte con el Espíritu, que es tu naturaleza más elevada. Tu naturaleza inferior te guiará a hacer cosas y lograr reconocimiento en el mundo. Tu naturaleza más elevada te dirigirá hacia y a través de experiencias que iluminan y nutren tu ser, utilizando todo lo que haces o todo lo que te sucede en el mundo como una forma de aprender y crecer. **Mediante el solo hecho de procurar alinearse con El Espíritu automáticamente entras en un proceso de liberarte de tu naturaleza inferior y todas las ilusiones y negatividad que le atienden.**

Todos tienen la capacidad de saber qué es lo que les sirve, utilizando la sabiduría que proviene de la experiencia. Sabrás lo que te funciona porque el Espíritu se hará presente. La presencia del Espíritu se manifiesta con amor, alegría, risa, paz y la facilidad con la cual puedes aceptar y cooperar con tu movimiento interno de toma de consciencia en cada momento. Por ejemplo, en este instante.

Todos, en este nivel, estamos sujetos a las pruebas que el poder negativo presenta a nuestra sabiduría espiritual.

Los que trabajan en el Espíritu son leales al Alma, el aspecto divino de tu ser. Dios es el único "otro" con quien tienes relación. A medida que te internas en la experiencia y en la comunión con Dios, te das cuenta: " ¡Ah!, yo soy Dios y Dios es quien soy".

Siempre puedes aprovechar mejor esta comunión con Dios. Pasa siempre de la información hacia la experiencia de Dios de la manera más directa que puedas. Esfuérzate siempre por estar en el lugar adentro de ti en el cual participas del Espíritu.

Ten la experiencia ahora mismo de que estás respirando en el Espíritu. Tu respiración es la respiración de Dios. Al exhalar dejas salir la pureza, la santidad, el amor que es Dios. Te transformas en el Aliento Santo mientras vives tu vida en este mundo.

Este lugar adentro de ti es un lugar de silencio, un lugar de suprema sencillez, donde dejas entrar y salir el aire junto con Dios. Debes saber que siempre estás respirando con Dios y Dios siempre está respirando contigo. Abre tu consciencia más clara para recibir un mayor conocimiento de Dios que el que has tenido hasta ahora. Ten la experiencia de la respiración calmada de Dios en ti, la calma que en realidad te rodea en el mundo, a˙n en medio de las complicaciones y dificultades. No importa cuánto dolor y cuantos afanes estén presentes en el mundo ahora y en el futuro, la respiración de Dios siempre es calmada.

La respiración de Dios da vida, y da el amor que tú eres. Trae la presencia de Dios a través de todos los tiempos, de toda la eternidad. Ese aliento inicia la cicatrización, el volver a despertar, y la comprensión de quién eres en lo Divino. Es la emanación que lo despierta todo.

Estás en ese Aliento Santo de Dios. En cada momento, renueva tu fe. Renueva tu fe en este momento. Utiliza este momento para dedicarte nuevamente al amor de Dios y a cumplir con la voluntad de Dios a través tuyo en este mundo, y en todas tus elecciones en los mundos futuros. Estás renovando su santo sacramento de hacerte uno con Dios. Dios te sonríe y le da la bienvenida a tu ser. El amor de Dios te abraza.

Baruch Bashan.

Una bendición de alineación con Dios

Inspira profundamente, y al exhalar puedes dejar ir cualquier tensión física o molestia, y lograr una mayor calma en todos los niveles. Inspira profundamente otra vez, y cuando espires deja ir cualquier carga emocional, temores o ansiedades.

Inspira profundamente una vez más, y cuando espires puedes liberarte de cualquier preocupación mental o distracción. Puedes dejar ir cualquier cosa que te impida estar aquí ahora. Estás en completa armonía y equilibrio con toda tu experiencia.

Te das cuenta de que estás usando este proceso como una forma de cuidarte y de dirigirte hacia un comportamiento que te apoye en tu elevación y tu desarrollo. Estás consciente de que la perfecta protección de Dios te envuelve completamente. Y ahora puedes comenzar a respirar con un ritmo fácil y natural. Puedes permitir que el amor y la paz de quien eres fluya hacia adentro y hacia afuera cada vez que respiras. Y ahora te presentas a La Luz.

PADRE-MADRE DIOS, te pedimos en este momento la presencia de La Luz del Espíritu Santo y del Cristo, para que rodee, llene y proteja a cada uno de nosotros, de manera que cualquier cosa que suceda durante este proceso sea para el bien mayor.

También pedimos que la Consciencia del Cristo trabaje con nosotros y nos acompañe en este viaje, que nos asista para ir más allá de cualquier juicio, temor o limitación que podamos haber impuesto sobre nosotros o sobre otros, o que podamos haber aceptado de otros como una imposición sobre nosotros, hasta este momento.

Y por cualquier cosa que sea eliminada en este momento, te pedimos que la reemplaces por algo de igual o mayor valor.

Te pedimos también una bendición especial, que a través del proceso de alinearnos con el bien mayor, podamos abrirnos a una nueva consciencia de nuestra divinidad y nuestra mayor confianza en el amor de Dios por nosotros.

Estamos ahora conscientes de nuestra voluntad de recibir una experiencia más profunda del amor incondicional de Dios. Y nos entregamos completamente a la gracia, a la promesa y a la sabiduría de Dios que está disponible para cada uno de nosotros en cada momento de nuestras vidas.

Reclamamos nuestra herencia de morar para siempre en el corazón de Dios.

En este momento nos alineamos completamente y nos reconciliamos con El Espíritu Santo. Señor, te damos gracias por todas las bendiciones que nos has otorgado y que estamos por recibir, al mismo tiempo que nos damos cuenta verdaderamente que se hará tu voluntad.

Amén.

Baruch Bashan.

"Ni si quiera he empezado a juntarme con Dios
completamente,
pero tan pronto como me aproximo a Dios dentro de mí
y comienzo a ver lo que está sucediendo,
comienzo a darme cuenta de que, cualquier cosa que
esté sucediendo,
lo que sea que esté presente,
está bien.
Me doy cuenta de que lo atravesaré;
y lo sobreviviré.
Comienzo a ver que cualquier cosa que suceda
no va a durar,
que las cosas cambian,
y que todo está en movimiento.
Entonces, a medida que asciendo un poquito en mi
consciencia,
Comienzo a darme cuenta de que existe una gran
armonía.
Comienzo a ver el valor en la mayoría de las cosas.
Entonces comienzo a ver el valor en todo."

JOHN MORTON

Capítulo Ocho

La bendición de nuestras condiciones

Mi dedicación consiste en que, no importa cuál sea la condición, yo amo.

COMO SERES HUMANOS, tendemos a crear separaciones cuando estimamos que ciertas condiciones son más importantes que otras, por ejemplo rico o pobre, saludable o enfermo, contento o triste, etc. Eso es comparar. **Mi dedicación consiste en que, no importa cuál sea la condición, yo amo.** Eso es lo que vine a hacer aquí. Amo la condición porque proviene de Dios, y eso es lo único que necesito saber. Está bendecida por Dios porque es de Dios.

No estoy aquí para comparar o evaluar las condiciones. Estoy aquí para amar las condiciones, pura y sencillamente. Lo divertido es, ¿cómo hago para amarlas? ¿Cómo contesto con mi amor? Déjame contar las maneras, y déjame encontrar una forma nueva y mejor de amar cada condición. Si estamos pasando por un momento difícil, veamos las maneras en las cuales estamos permaneciendo apegados a lo que ya no está presente, o a lo que no nos sirve más.

Una de las formas primordiales de amar cualquier condición es estar agradecido por ella. Comienza con la gratitud, y date cuenta de que si hace falta un ajuste, es un ajuste interno. No castigues a la condición externa preguntando: "¿Por qué?" o "¿Cómo te atreves?" Ese tipo de preguntas te lleva a un sentimiento de traición. Si dices cosas como: "No merezco esto", o "No estoy de acuerdo con esto", más vale que mires en el espejo y veas que estás hablando contigo. Considera que, de alguna manera, todas las condiciones tienen un propósito, tal vez enseñar aceptación, paciencia, y una nueva fortaleza.

Considera la posibilidad que cuando nos aproximamos a la gran condición que contiene todas las condiciones—llamada vida—se nos ha mostrado que, en realidad, existe una sola condición con muchas variaciones, y que en algún momento estuvimos de acuerdo con todas. Aunque es bastante común protestar, pelear o quejarse, esta reacción en contra de cualquiera de las condiciones presentes no es más que una demostración de que nos hemos olvidado de la naturaleza divina de todas las cosas. **Cuando atraviesas las condiciones con amor—no importa cuán severas sean—las neutralizas y adquieres autoridad sobre ellas.** Entonces te transformas en aquel que camina con libertad en cualquier condición. Las condiciones no te ocasionan problema alguno porque, mientras las vives, te has ubicado en un estado incondicional de amor.

Esas palabras son fáciles de decir, pero vivirlas, y hacerlas parte de tu vida actuando con amor es otra cosa. Eso requiere la participación de Dios en tu vida. Dios es el único que conozco que siempre logra hacerlo. Si quieres vivir en el estado de amor incondicional y libre de todas las condiciones, ya sean positivas o negativas, tienes que invocar a tu Dios, el Dios que puede vencer todas las condiciones. Esa es una elección.

Parte de la elección es suplicarle a Dios. Puedes preguntar: "Dios, ¿estás listo?" Tal vez Dios no esté listo y responda: "Disculpa, pero me estoy vistiendo. Todavía no he desayunado. No dormí lo suficiente anoche". ¿Puedes imaginarte a Dios respondiendo así? Si puedes, tu Dios es demasiado pequeño. Esas son solamente condiciones. La gente puede usar cualquier condición para decidir: "No estoy listo, no estoy preparado. No lo voy a hacer. ¡No! Rehuso hacerlo". Aún esa es una condición temporal porque, más tarde o más temprano, algo sucederá y tendrás que moverte. Moverás el intestino, o te hará falta respirar. No podrás evitar responder a las condiciones presentes. Si no es una condición será otra, así que vale la pena que manejes tu condición actual con gratitud y amor.

Así que decimos, comienza tu día rodeado de Luz y amor, el estado de lo Divino, para que estés en contacto con eso como tu realidad durante todo el día. Entonces eso se transforma en tu elección y tu dedicación, de manera que frente a cualquier condición que aparezca o confrontes durante este día, elegirás el estado incondicional de amor divino. Si te olvidas, usa esa condición como una oportunidad de volver a elegir el estado incondicional. No importa cuántas veces consideres que una condición es tu realidad o identificación; no es más que otra oportunidad de elegir el estado incondicional del amor.

Cuando estás listo puedes realmente elegir el amor incondicional. Entonces tendrás más confianza en que lo continuarás eligiendo cada vez, basado en tu experiencia. Si continúas haciendo la misma elección en condición tras condición, se transforma en parte de quien eres.

Durante un tiempo puede ser que esa elección sea como un armario pequeño, en el que entras y sales constantemente. Es muy importante saber que tienes un lugar adentro que es un estado incondicional de amor. La gente que no lo sabe "se vuelve loca", y su "locura" tiende a manifestarse en la naturaleza de sus luchas.

Cuando conocemos el estado incondicional estamos en un estado de paz. Estamos tranquilos. Tenemos gran confianza en que Dios nos acompaña.

Así que el valle de sombras, o como quieras llamar a las condiciones que estás atravesando, no nos afecta realmente, porque caminamos en ese estado de Divinidad.

A medida que invocas lo Divino, construyes un real campo de consciencia de manera que estás cómodo en todas las condiciones de la vida, en todas las sombras. Es una buena idea tomar ventaja y fortalecerlo un poco, porque las condiciones varían. **Aprovecha el tiempo cuando las cosas andan bien para fortalecer el estado incondicional adentro tuyo. Entonces, cuando las condiciones desafiantes se desaten o parezcan abrumarte, tendrás una reserva de fortaleza amorosa que construiste para resistir cualquier condición exterior.** La situación puede tornarse muy intensa. Puede ser el tipo de condición que te destroza emocional y mentalmente y de todas las otras maneras, excepto en tu espíritu. No puede tocarlo, y cuando lo sabes, te das cuenta que **ninguna de estas condiciones te van a afectar o a destruir. Ninguna de ellas, incluyendo la muerte, pueden comprometer o destruir tu espíritu.**

Cuando fortaleces las cosas en el mundo exterior aparecen las ataduras, y algunas de ellas son muy comprensibles, muy humanas: “Amo a mi familia, y quiero ciertas condiciones para mi familia, las que representan salud, felicidad, bienestar y prosperidad. Quiero solamente estas cosas buenas, que se presenten como buenas condiciones". Estás decidiendo que hay condiciones malas, y la realidad de Dios es que todas son buenas. Todas son útiles. **Nada malo parte del Creador. Somos nosotros quienes creamos eso, con nuestras comparaciones, interpretaciones y juicios de las condiciones.**

Aún las condiciones muy negativas se pueden comprender—aunque puedan ser necesarias mucha aceptación y paciencia—como aspectos de la gracia, belleza y amor de Dios. No deben ser eliminadas. Dios no está diciendo: "¡Cometí un error! ¡Cometí un error! ¡Tengo que deshacerme de estas cosas!" Tienen su propósito, y sirven un propósito divino.

La progresión real va hacia lo positivo. Esa es la progresión del Espíritu. De alguna manera es una regresión porque en realidad estamos regresando, volviendo y dejando ir el lugar donde estuvimos, para hacernos cargo de una realidad mayor.

Para hacerlo necesitamos mantenernos desapegados e incondicionales. Si no lo hacemos nos entregamos a nuestros apegos y condiciones. ¿Por cuánto tiempo? Durante todo el tiempo que nos lo propongamos. En algún momento nos daremos cuenta de que es innecesario. No es inteligente. Nos damos cuenta: "Ahora sé más. Puedo hacerlo mejor. Veo lo mejor". Y luego lo demostramos con nuestras elecciones.

Si quieres salud y prosperidad, demuéstralo siendo saludable y próspero en tus condiciones

actuales. Si las condiciones son severas, tal vez tan severas que parezcan roerte, encuentra la forma de permitir que la severidad te llene. Siempre hay algo en cualquier situación que puede utilizarse para mejorar. Por lo menos podemos aprender y aplicar la enseñanza como comprensión y sabiduría.

No importa cuál sea la naturaleza de cada experiencia, siempre déjala ir. Tal vez te sorprenda saber que la gente se apega a sus experiencias tratando de analizarlas o entenderlas. Eso no hace más que mantener la condición presente, alimentándola con tu atención y energía.

Nada más déjala ir.

Si quieres ir más allá de la situación que vives, sencillamente déjala ir, y dirígete hacia el tipo de situación que te gustaría vivir. Si quieres más admiración, asegúrate que haces cosas que la gente que te rodea admira. Si no sabes cuáles son esas cosas, pregunta. Si no quieres hacer lo que te dicen, encuentra gente que admire lo que quieres hacer. Si eso significa que necesitas cambiar y no quieres cambiar, más vale que te ocupes de ser feliz en la situación en que te encuentras.

Finalmente, cualquier situación es entre tú y Dios. Y luego se convierte en tú como Dios. Hay una fusión, y eso significa la voluntad de dejar ir todo y a todos. Tal vez no estés preparado para hacerlo. Tal vez digas: "Bueno, no sé si estoy preparado para dejar ir todas las condiciones, porque la condición es mi marido, la condición es mis hijos, la condición es donde vivo. Me gustan esas condiciones".

Jesús, como el Cristo, lo dijo de una manera particular: "El que ama al padre o a la madre más que a mí, no es digno de mí: y el que ama al hijo o a la hija más que a mí, no es digno de mí. Quien no toma su cruz y me sigue, no es digno de mí. El que encuentra su vida, la perderá y el que la pierda por mí la encontrará".[1]

¿Es una declaración egotista? ¿Estaba Jesús diciendo: "Yo quiero controlarte y hacer que me adores y me sigas, porque yo soy el personaje principal aquí?" No lo veo así. Es más como: "Si quieres seguirme en lo que hago y formar parte de ello, se requiere mucho, tal vez todo lo que tengas para dar. Pero tú eliges. Obviamente algo te ha llamado la atención, o no estarías interesado. Así que si lo has visto, ¿por qué no dirigirte hacia la totalidad y aprender de qué se trata?"

Si vas a participar totalmente en las bendiciones, la confianza es esencial. Puedes confiar en que las condiciones en tu vida en este momento son las más indicadas, en lugar de pensar: "He cometido un gran error", o "No es posible que este sea mi camino", o "No puede ser que esta sea la manifestación de la bendición de Dios". **La bendición se**

1. Mateo 10:37-39

hace presente cuando aceptas, disfrutas y aprecias todas las condiciones como parte, de alguna manera, de la gran perfección para ti en tu camino de toma de consciencia hacia Dios. El día en que vences tus temores, tus condiciones, y vives en el estado incondicional de amor divino, es un día maravilloso.

Baruch Bashan.

Una bendición de sencillez

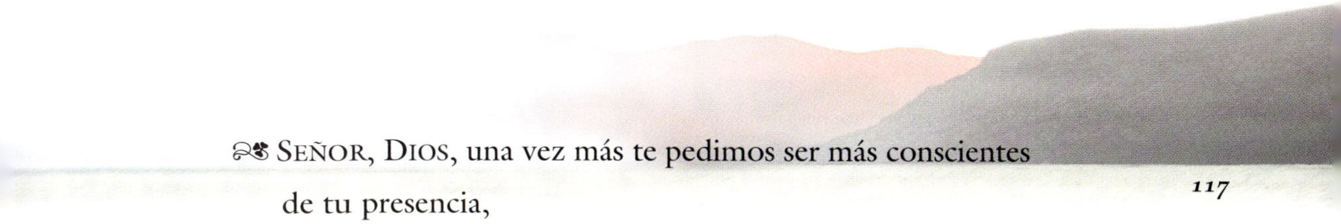

SEÑOR, DIOS, una vez más te pedimos ser más conscientes
    de tu presencia,
tu Luz y tu Sonido, que nos rodean y nos nutren.

En este momento te estamos pidiendo tu sencillez,
    que la naturaleza sencilla que eres tú
nos sea revelada y sea más evidente para nosotros
y que nosotros, también, podamos crear en formas
    sencillas, y de maneras puras y limpias.

Entonces te pedimos que nos libres ahora de nuestro
acondicionamiento
    que nos lleva a desperdiciar,
y que participemos con buena voluntad en deshacernos de
    aquellas cosasque ya no nos sirven.

Y pedimos que nos transformemos en los que damos,
para que demos más de lo que recibimos,

y que lo que recibimos sea tu generosidad, que nos llega
a través
de lo invisible en nuestro corazón como amor,
    como verdad,
    y como la dicha de saber que todo es amor,
    que todo es divino.

Te pedimos que nos visites personalmente de esta manera,
para que tengamos la voluntad de llevar las cosas hacia
    un propósito más elevado
y eliminar cosas a nuestro alrededor,
de acuerdo con tu voluntad.

Guíanos hacia el bien mayor,
que siempre estemos agradecidos por lo que encontramos,
por quien nos acompaña en cada momento.

Te pedimos que visites nuestros deseos,
que sean elevados y dirigidos una vez más con propósito,
a través del Espíritu Santo y de lo que conocemos como
    nuestra Alma.

Calma nuestra mente y nuestras emociones.
Permite que tu bálsamo cicatrizante nos toque físicamente.
Y que donde encontremos dolor y tristeza,
ya sea dirigida a nosotros o a otros,
se nos calme, se nos conforte.

Te damos gracias por este momento de paz,
por tener la experiencia de tu mano sobre nosotros,
conociendo la perfección, la belleza de todas las cosas,
y que sigamos adelante sonriendo en tu alegría,
riendo cuando juegas con nosotros,
porque estamos aquí para deleitarnos.

Y permítenos conducir nuestras vidas de manera que nos hagamos amigos,
amigos del Señor,
y amigos de aquellos que aman en la forma en que lo hace El Señor.

Baruch Bashan.

Una bendición de la unidad de Dios

Desearía que consideraran que lo que están haciendo durante esta bendición es tener la experiencia de lo que ya está presente. Así que en realidad no están haciendo nada. Están dirigiendo las energías de sus consciencias y enfocándolas sobre lo que está presente, lo que está presente en verdad, lo que está presente en la realidad de quiénes son y en la realidad de Dios.

ESTA BENDICIÓN es un proceso de soltar, de dejar ir. Así que estés donde estés, deja ir, suelta.

Comienza por dejar ir tu cuerpo. Toma consciencia de tu cuerpo. Toma consciencia de tu piel, del aire que rodea tu piel. Ahora toma consciencia de la parte interior de tu cuerpo, cualquiera sea la forma en que lo hagas. A medida que tu consciencia recorre cada parte de tu cuerpo, relájate. Deja ir esa parte. Es como si estuvieras acariciando y abrazando esa parte tuya.

Cada parte sabe que estás a salvo, que eres amado y cuidado, que estás siendo abrazado en tu totalidad. Así que dejas ir, y sabes que no hay necesidad de luchar. No existe nada que te pueda dañar. Lo que está presente es energía de amor y cuidado.

Derrama ese amor y ese cuidado por todo tu cuerpo. Tu cuerpo resuena en unidad. Tu cuerpo está integrado en La Luz. La presencia del Espíritu Santo te rodea, llena y protege. Puedes dejar ir completamente.

Ahora esa energía llega a tu consciencia. La Luz del amor y cuidado está en todo lo que ves o sientes. Está en tus pensamientos, no importa cuáles sean. El amor y el cuidado están presentes. En todos los niveles de tu consciencia, desde el cuerpo físico hasta el Espíritu, no hay más que amor y cuidado.

Tú eres la consciencia de amor y cuidado. En esta consciencia te das cuenta de la gran diversidad de la creación de Dios. En esta diversidad hay siempre amor y cuidado. Esa es la voluntad de Dios: amar toda la creación, en todas sus formas, en todo lo que eres en tus expresiones y manifestaciones, y también todo en el Universo.

Regresa tu consciencia alerta a la fuente del amor y el cuidado. Y trae esa fuente a tu cuerpo, a este mundo físico.

Prepara un lugar para la voluntad de Dios. La voluntad de Dios está creciendo en ti. Si te quedan algunas inquietudes—preocupaciones, temores o dudas sobre cualquier aspecto de tu vida—lo único que existe es el amor y el cuidado. Que en este momento y en este lugar, haya solamente amor y cuidado.

Te transformas en la fuente de amor y cuidado.

Has recibido la bendición de la unidad de Dios.

Baruch Bashan.

"El amor conquista todas las cosas;
rindámonos nosotros también al Amor."

VIRGILIO

Capítulo Nueve

LA BENDICIÓN DE ELEGIR EL AMOR

Este mundo está diseñado para presentar lecciones,
y no necesariamente van a ser cómodas.

TAL VEZ HAYAS nacido en un ambiente en el cual estuviste rodeado de amor. Tu madre y tu padre eran amorosos, el doctor era amoroso, las enfermeras eran amorosas, quienes estaban presentes cuando llegaste al mundo eran amorosos. **No importa cómo lleguemos al mundo, ni cuán enorme haya sido la presencia del amor en ese momento, siempre hay un amor más grandioso por venir a nuestra expresión.**

Este mundo está diseñado para presentar lecciones, y no necesariamente van a ser cómodas. Cada lección brinda una oportunidad de tener la experiencia y expresar el amor que ya está presente. Eso no es un secreto, ni si quiera una revelación. Pero en algún momento sabremos que el amor está siempre presente, aún cuando no queremos admitirlo y hacemos muchas cosas para negarlo.

Tal vez estaba presente otro extremo cuando llegaste al mundo: tus padres parecían no amarte, el doctor te dio una palmada que pareció ser ruda o violenta, etc. Este mundo puede parecer frío, hostil, tiránico o extraño.

En algún momento tal vez comencemos a formar una actitud que podría llamarse no amorosa. He aquí la mala noticia: a medida que formamos una actitud de falta de amor hacia algo o alguien, estamos en realidad formando esa actitud hacia nosotros.

Una de las formas en que se puede reconocer nuestra actitud de "falta de amor" es cuando aparece una dureza en nuestra consciencia. A medida que la dureza se hace dueña de nuestro ser, podemos transformarnos en crueles e insensibles. A medida que nos hacemos más insensibles, nuestras percepciones representan un mundo duro y doloroso. Se nos hace fácil entonces adoptar una actitud hacia el mundo que resulta de nuestra experiencia, y por consiguiente expresar más dureza, negatividad y dolor.

Ocasionalmente una persona puede vivir toda su vida haciéndose gradualmente más y más duro y rudo, como una forma de manejar el mundo. Esto es muy raro porque generalmente, en algún momento, hay una visitación, un momento en el cual, no importa cuán oscuro o nublado o tormentoso sea todo, un rayo de sol lo atraviesa y nos toca, recordándonos que hay algo más en el mundo además de oscuridad, dureza o tormentas.

En nuestro proceso de tratar con el mundo, jugamos dos papeles opuestos. Uno de los lados lo llamamos el negativo, el doloroso, o el perturbado. El otro lado es el del amor, la luz y lo hermoso. A medida que aprendemos a jugar con ambos lados, nos damos cuenta de que uno es una expresión más fidedigna de nuestra naturaleza. Tal vez lo veamos como la forma en que nos gustaría ser. En otras palabras, podemos vernos como no amorosos, oscuros, o "malos en lo más profundo". Pero aún así podemos darnos cuenta de que, debajo de esa representación negativa de nosotros, existe el deseo de ser buenos.

No importa qué actitud tomemos en relación con las polaridades que encontramos en el mundo, se nos exige que decidamos. No hay forma de evitar las opciones que están presentes. Hay una decisión automática que resulta de la ausencia de decisión por nuestra parte, pero aún esa es una decisión que tiene consecuencias reales. En cada momento estamos tomando la decisión de ser más o menos amorosos.

Hace tiempo, mientras estaba caminando, me di cuenta de que había recibido un mensaje sobre el amor. Era una afirmación: "Estoy aumentando el amor. Estoy aumentando el amor". Continué oyendo el mensaje: "Estoy aumentando el amor". Era como si el mensaje viniera del exterior y también de adentro. Me di cuenta de que este mensaje es una afirmación para cada momento de cada día de mi vida. **Todos tenemos la responsabilidad fundamental de aumentar nuestro amor cada día.** Darme cuenta de eso me hizo sentir humilde, porque no siempre lo hago con mi actitud y con mis decisiones, aún cuando es mi intención.

Mientras caminaba pensaba en cómo la fuente del amor es inagotable. No hay forma de que podamos agotar las oportunidades de ser más amorosos. Parte de la ilusión que acarreaba conmigo era que la fuente del amor tenía fin. De alguna manera tenía la idea de que tenemos la habilidad de sustraerle al amor, de hacerlo menos de lo que es. Mi experiencia me estaba enseñando que la fuente del amor está siempre llena. Está más que llena. **El suministro de amor va más allá de cualquier cosa o cualquiera que lo utilice, sin importa cuánto amor se requiera.**

La vida se trata de amar, y este mundo esta diseñado para reflejar un proceso para aumentar el amor. No existe una verdadera diferencia entre de qué se trata la vida y qué es el amor. Son sinónimos. Cuando nuestras percepciones y nuestras experiencias tratan de decir que "la vida es menos que el amor" o que "la vida es una aberración que no tiene nada que ver con el verdadero amor", esos mensajes significan que no sabemos realmente qué es el amor.

A medida que vamos averiguando qué es la vida, encontramos el amor. Y a medida que averiguamos qué es Dios, encontramos el amor. Ese es el proceso que comienza la trascendencia desde donde nos encontramos. Comienza trascendiendo lo que nos enfrenta en términos de lo físico de este mundo, y comienza a permitirnos la trascendencia hacia otro mundo, el del Espíritu. El amor comienza a ser algo que lo comprende todo, y nos damos cuenta de que somos amor. El amor es más que lo que pensamos o sentimos o cómo nos relacionamos con la gente y las circunstancias de nuestra vida.

En el momento en que tenemos la experiencia de que nuestro amor lo comprende todo, nos damos cuenta que somos más que lo que percibimos. Somos más que nuestra experiencia. Entonces llegamos al punto en el cual extendemos los brazos hacia Dios y Dios nos revela la totalidad de lo que es la vida. Es entonces cuando el espíritu en nuestra consciencia está llegando a una mayor madurez. Es entonces cuando comenzamos a buscar una mayor realidad, un mayor conocimiento de lo que es el amor, de lo que es Dios, y de quiénes somos nosotros.

En ese momento se puede hacer presente una consciencia que guíe tu atención hacia la verdad, revelando la acción de Dios que es la verdad viviente y el amor de Dios. De allí en adelante es un proceso de entregarte a la verdad que te hace libre.

Si estás decidiendo que la vida se basa en la falta de amor, estás en un territorio muy traicionero, y la caída de tus ilusiones es inminente. Detente ya mismo. No des un paso más hasta que estés otra vez relacionándote con el amor en las personas y las cosas. Haz que "amar en todas las formas" sea tu dedicación, tu afirmación. Es la parte más vital de lo que estamos haciendo en este mundo. No requiere endoso del mundo. No requiere prueba. Puedes saber que has sido bendito si reconoces el amor, y puedes estar agradecido de saber que el amor es el camino que has elegido para vivir tu vida.

Muchas veces tuve la experiencia de alejarme del amor y de volver a acercarme al amor. Regresar al amor es lo único que importa. Cuando te des cuenta elegirás el amor más y más a menudo, y encontrarás amor en tu experiencia y en tu expresión.

El amor es un acto unificado de Dios que armoniza y sobrepasa cualquier separación que podamos encontrar. Gozamos con su celebración. Cuando damos un paso adelante, la celebración es mayor, y el amor aumenta. Y no importa lo que pase, estamos eligiendo una celebración del amor.

Baruch Bashan.

Una bendición de elegir el amor

SEÑOR, DIOS, damos gracias porque hemos venido
a este lugar de renovación.

Damos gracias por nuestra voluntad de elegir otra vez, de tomar nuestro lugar con nuestra Alma. Reconocemos que es una elección constante en este mundo, elegir una vez más en el Espíritu, así que abiertamente, deseosamente elegimos el amor, elegimos el perdón.

Y te pedimos que nos asistas en este momento a establecerlo
como una dedicación,
que mantengamos nuestra atención puesta en el amor, que venzamos todas esas cosas que nos prueban una y otra vez en nuestros juicios, en nuestra resistencia, en olvidar que somos divinos.

Te pedimos el regalo del discernimiento espiritual,

para que veamos y reconozcamos las cosas que son tu voluntad, sobrepasando lo que es innecesario,

dejando de lado lo que ya no nos sirve, manteniendo la comprensión y la aceptación hacia todo lo que parece ser menos que divino.

Y en todo esto, afirmamos que volvemos a elegir el amor que es el sello de tu presencia.

Baruch Bashan.

Una bendición de dedicación a Dios

RESPIRA PROFUNDAMENTE dos o tres veces para relajarte más.

Cuando inspiras, hay una energía de calma y relajación que te penetra junto con el aire, y cuando exhalas, dejas ir la tensión. Espiras cualquier preocupación negativa que tengas, para que cuando respires profundamente puedas lograr un mayor sentido de armonía con todo. Y puedes dejar ir los juicios, cualquier oposición que hayas cargado contigo, ya sea consciente o inconscientemente.

En este proceso, una vez más pedimos La Luz, La Luz que viene a través del Espíritu Santo, que te rodea, protege y llena, y que permite únicamente lo que es para el bien mayor.

Por un momento, considera que has estado haciendo un largo viaje. No importa tanto dónde has estado; importa más que te des cuenta dónde estás y cómo te sientes.

Tal vez te des cuenta de que te sientes cansado o que estás exhausto. Tal vez sientas lugares en el cuerpo donde hay dolor o tensión, y que te gustaría descansar un poco, dejar ir el largo viaje.

Así que permítete llegar a un lugar donde puedas limpiarte, bañarte, cambiarte la ropa. Si tienes hambre, te darán de comer. Si tienes sed, hay mucho para beber.

Todo lo que te sucede ahora es para quitarte la tensión, el cansancio, para limpiar la suciedad y el polvo, para dejar ir la sensación del largo viaje, para soltarlo de tu cuerpo.

Ahora ten la experiencia de la más hermosa energía, que sabe cómo limpiarte hasta lo más profundo, hasta las células. Esta limpieza es por dentro y por fuera.

Esta energía radiante está ahora trabajando contigo más y más. Te purifica amorosamente, te integra, te armoniza. Te haces más consciente de la bendición divina.

También puedes ser consciente de la ayuda que estás recibiendo, que hay quienes desean asistirte, a cicatrizar y a fortalecerte. Los que te asisten a hacerlo son tus amigos, íntimos aún en la amistad, y tienes la experiencia de que eres amado, honrado, querido por quien eres.

Tal vez quieras protestar el amor por lo que has hecho y por lo que has atravesado, y puede ser que consideres que no mereces el amor. Sin embargo, no importa qué reveles de ti, de tu viaje, eres amado. Te cuidan como al Bienamado. No es necesario que comprendas cómo es posible que te amen tal como eres: sencillamente te aman.

Ahora, sientes la más hermosa sensación de unidad, de estar descansado y alimentado. Tu vitalidad te ha sido devuelta, y ahora puedes apreciar todo lo que consideras.

Ahora entiendes el valor de toda tu experiencia. Y cualquier cosa de la cual te acuerdes que has mantenido como una oposición, como una forma de juicio, la perdonas. A medida que recuerdas cosas, el perdón se hace presente instantáneamente. Sucede de manera tan poderosa, tan rápida, que no tienes oportunidad de recordar lo que ha sido perdonado. Así que queda verdaderamente perdonado y olvidado. El contenido ya no tiene significado. No existe nada que no se perdone. El perdón está presente tan pronto como tú lo permites, tan pronto como te abres a él.

Tal vez recuerdes a otros a quienes has juzgado, aquellos a quienes condenaste, aquellos de quienes has tenido malos pensamientos y sentimientos. Donde ha habido odio, el amor te calma. El amor transforma los pensamientos de quienes has juzgado y condenado. Donde castigaste, ahora usas amor y compasión. Eso es lo que se concede ahora. Así que todo es perdonado, todo queda en libertad adentro de ti. Sencillamente no existe lugar para la oposición adentro de ti. Hay paz hacia todo, la paz que sobrepasa la comprensión, la paz que va por encima y más allá de todas las cosas. Todo se transforma en una causa de paz, de amor, de la liberación del Espíritu.

Si no sabes cómo perdonar y olvidar, puedes pedir la presencia de Aquel cuya naturaleza es perdonarlo todo, amarlo todo; Aquel que Dios ungió con ese propósito, el ungido por Dios. Está a tu servicio. Puede perdonar lo que tú no sabes cómo perdonar, amar lo que tú no saber cómo amar, y hacer desaparecer la angustia que ha visitado tu mente y tus emociones, los lugares de tu cuerpo donde has albergado el resentimiento, la desilusión, la culpa. Todas las formas de negatividad son ahora amadas y perdonadas por este Santo Ser.

Y entonces el amor, La Luz de Dios, te ilumina. Te abres ahora a recibir completamente, que no haya lugar en tu cuerpo, en tu mente o en tu Alma sin amor, sin paz.

Bebe del desborde de amor y dicha del Espíritu de Dios. Ahora tienes la habilidad de ver todas las cosas—todas las cosas en este mundo y en tu vida y todas las cosas en ti—a través de los ojos del amor, los ojos que ven paz y comprensión. La sabiduría de Dios está en ti.

Y en este momento tienes la oportunidad de tomar una decisión, hacer el compromiso de dedicarte al amor de Dios, a las bendiciones de Dios, que ya te han sido dadas.

Te das cuenta de que este compromiso implica que elijas continuamente negarte a juzgar, no mantener a nadie ni a ninguna situación en un lugar de negatividad, que de ahora en adelante estás dedicado al amor, la paz, la armonía.

Y cuando te olvidas de tu divina tarea, perdonas. Te olvidas de lo que sucedió y sigues adelante, dedicándote una vez más, renovado, al amor de Dios, el amor que sobrepasa todas las cosas, las bendiciones que ya existen.

Baruch Bashan.

"Le di mi Alma a El
Y todas las cosas que poseía fueron de El:
No tengo rebaño que atender
Ni ningún otro quehacer
Y mi único ministerio es amar."

SAN JUAN DE LA CRUZ

Capítulo Diez

La bendición de ascender a los estándares de Dios

Nuestra tarea es dejar de tomar decisiones que limitan y comenzar a tomar decisiones que manifiesten las bendiciones.

HAY UNA NORMA de vida, un estándar, que está a nuestra disposición y que podemos lograr; yo lo llamo espiritualidad práctica.

Esto no es algo que estudiamos o analizamos, o que se vivió en tiempos pasados que recordamos, o sobre los cuales nos cuestionamos. Si no podemos practicar nuestra espiritualidad, si no podemos vivir más allá del púlpito y expresarnos en el mundo, entonces no significa mucho, si es que significa algo. Si la espiritualidad no tiene una aplicación real, tiende a transformarse en una idea agradable o en una fantasía romántica.

Una vez, mientras estaba en América del Sur, estaba viendo un reportaje sobre el hambre en Somalia, y me quedó claro que necesitaba ir. No estaba viendo lo que sucedía como una situación individual, sino como una situación que se perpetuaba en toda una nación, y que exigía la atención del mundo.

La tremenda necesidad que sentí de ir fue generada por el nivel de respuesta que yo, personalmente, consideraba insuficiente. La tecnología de la televisión moderna me estaba enfrentando con un sufrimiento humano innecesario y a nivel masivo. Si el lente de la cámara podía acercarse, también podía hacerlo una mano que brindase ayuda. En mi consciencia vi que una sola persona podría hacer la diferencia necesaria.

Me pregunté: "¿Qué estoy haciendo que sea tan importante que no pueda viajar a Somalia y establecer un estándar de vida más elevado?" No se trataba de "dejar todo y salir corriendo", aunque mi impulso me llevaba a eso exactamente. Necesitaba observar mi nivel de responsabilidad con el Espíritu de Dios a quien venero y permitirme tener la experiencia de qué podía yo hacer en respuesta.

Esta mirada a mi nivel personal de responsabilidad por una situación que parecía ser tan agobiante y remota fue bastante desalentadora. Pero mi responsabilidad personal por la situación en Somalia era innegable e inminente, aún frente a lo que me parecía que eran responsabilidades y compromisos personales muy sustanciales, tales como mi familia y mi trabajo.

A menudo, cuando vemos el tipo de sufrimiento humano que estaba ocurriendo en Somalia, cuando nos enfrentamos con la severidad de nuestros sentimientos al ser testigos de las condiciones de sufrimiento de otros, queremos darnos vuelta y dejar de verlo, a veces de manera incontrolable. ¿Cómo podemos determinar nuestro nivel de responsabilidad cuando confrontamos necesidades masivas de ese porte en nuestro mundo?

Un dilema siempre es una ocasión para buscar adentro el consejo de Dios, o lo que uses como referencia para tu estándar más alto. Por un lado, en medio del sufrimiento de otros, a menudo podemos percibir una falta de respuesta con relación a aquellos que parecen tener y aquellos que parecen no tener. Podemos sentir el llamado a responder, a ayudar de alguna manera. Por otro lado, el sufrimiento no es agradable para nadie, así que ¿para qué atraer el sufrimiento envolviéndonos en situaciones que parecen no ser producto de nuestro hacer personal?

Tres días más tarde seguía considerando si debía ir a Somalia. Comencé a considerar seriamente las implicaciones de mi viaje a Somalia, el impacto sobre mi familia, mi trabajo y el resto de mis compromisos. ¿Qué necesitaría hacer para poder ir? ¿Cuándo iría? ¿Seguiría pensando en ir si las condiciones mejoraban? Sabiendo que las emociones—incluyendo las mías—pasan por ciclos y cambios, elegí esperar dos semanas antes de tomar la decisión.

Finalmente, los gobiernos de ciertos países, especialmente el de Estados Unidos, con apoyo de una resolución de Las Naciones Unidas, decidieron intervenir militarmente para asegurar que la gente recibiría la comida y la asistencia básica que necesitaba tan desesperadamente. No se me ocurre un mejor uso de las fuerzas militares que el asegurar la seguridad y el bienestar de un grupo de gente desesperada, a través de la movilización y la protección de la entrega de alimentos, suministros y asistencia a quienes la necesitan de tal manera.

Y frente a la prueba de que se estaba llevando a cabo lo necesario, no fui a Somalia. Pero es el tipo de situación que continúa afectándome, como debería ser. Sigo sintiéndome muy afectado por las situaciones en el mundo en las cuales parece faltar generosidad y compasión. Es claro que no podemos ignorar las imágenes de gente hambrienta y famélica, jóvenes y viejos, la inhumanidad incontenible y la violencia, la degradación del ambiente, etc., si vamos a vivir en un mundo de salud, riqueza y felicidad.

No importa quién sea esa gente o lo que hayan creado para sí mismos, especialmente los niños; nuestra compasión humana nos implora que hagamos algo para ayudar. Todos merecemos algo mejor, y podemos tenerlo.

La pregunta que todos necesitamos considerar es, ¿qué nivel de respuesta es el indicado cuando una situación nos impulsa a hacer algo?

Hay cierta gente que observa la situación y se plantea otro tipo de preguntas. "Somalia o Kosovo son situaciones distantes, no relacionadas con nosotros. ¿Por qué no nos ocupamos de la gente en nuestro vecindario que está sufriendo, que no tiene comida o albergue, que está enferma y necesita asistencia? Estoy seguro de que hay gente en nuestra comunidad que necesita ayuda".

No me cabe duda.

Las situaciones, y más aún la consciencia de la gente que tiene necesidades, nos confrontan a todos nosotros, que somos testigos, y nos estimulan a crear un estándar de vida más alto. La mayor oportunidad de elevar el estándar existe donde el estándar es más bajo. Cuando somos testigos de lo que sucede en lugares como Somalia o Kosovo a una escala tan masiva, nos damos cuenta que podemos hacer algo desde nuestra posición, desde nuestro estándar de vida tanto más alto. En cierto sentido, no nos podemos dar el lujo de no responder, no sea que con nuestra negación se nos relegue a un estándar más bajo.

Podríamos decidir observar la situación desde un punto de vista de gran altitud, para ver sus causas, resultantes de todos los niveles de elecciones. Podríamos adoptar la posición de que esta gente ha elegido las condiciones en que vive, con el fin de justificar nuestra falta de acción. Sí, tal vez tendríamos razón. ¿Pero existe un estándar de vida más alto al cual aspirar? ¿Y hay quienes han demostrado que ese estándar de vida más alto se puede lograr? ¿Estamos dispuestos a suscribirnos a los patrones de vida más altos?

Uno de los modelos de vida primordiales que Dios nos revela es el de amar con totalidad. Eso significa amar sin ninguno de los límites que pudieran restringir el amor, incluyendo la distancia, la cultura, o cualquier costo resultante. Podría significar dejar atrás todo lo que pudiera restringirnos de amar totalmente, cuidar totalmente, y hacer todo lo que podemos para llevar a la situación a un estándar más alto.

Tal vez sea necesario que abandonemos nuestros previos modelos de amor, que están atados a nuestro confort, nuestra moralidad, nuestras creencias, y cualquier otra cosa que nos impida amar libremente. Cuando practicamos nuestra espiritualidad estamos obligados a aprender cómo ir más allá de nuestros estándares anteriores de amor que están limitados por la separación, el prejuicio y el temor.

El amor es la forma de Dios. Cuando el amor se nos da a conocer, debemos seguirlo con abandono, y valentía, sin reservas. Cuando John-Roger me otorgó la bendición que me permitiría llevar a cabo ordenaciones como ministro, se me dijo: "Es la incondicionalidad de la vida la que se debe vivir". Debemos abandonar al yo más pequeño, el que hemos conocido, y reemplazarlo por el Ser más grande que es la naturaleza incondicional de Dios, sin límites en el amor, sin límites en su habilidad de sobreponerse a cualquier restricción.

Recientemente, una estudiante de una universidad en la cual participo fue atropellada por un automóvil cuando cruzaba la calle, al finalizar uno de los fines de semana de clase. El accidente tuvo como resultado varios huesos rotos y heridas internas severas. Considerando lo que pudo haber sucedido, está bastante bien. Un suceso de esta magnitud afecta, por supuesto, a su familia, a sus amigos y a sus compañeros de estudio. Cuando algo así sucede, enviamos La Luz de Dios a los involucrados para que reciban curación, y cualquier otra cosa que haga falta. Y tenemos la responsabilidad de elevar el estándar, tal vez trabajando con el control del tránsito, para que esto no vuelva a suceder.

Este tipo de suceso se da como parte de nuestra experiencia de vida en este mundo. Cada vez que algo nos "atropella", podemos abandonar de inmediato cualquier cosa que nos impida aprovechar la oportunidad de extender el amor y el cuidado a todos los afectados por la situación. Esto es verdad especialmente cuando la vida nos presenta golpes inesperados que necesitamos vencer. Debemos aprender a dejar de lado el impulso de reaccionar negativamente con nuestro malestar y con nuestras interpretaciones en contra de las situaciones. Debemos aprender a abandonar cualquier estándar que nos permita juzgar a la gente y a las situaciones como malas, o como una justificación de ira y violencia. Es la oportunidad de considerar cómo podemos impedir que bajen los patrones de Dios que usamos como referencia en nuestras vidas.

Si, juntos, deseamos lograr un estándar de vida y de amor más alto, debemos estar dispuestos a permanecer abiertos y compasivos hacia el sufrimiento ajeno. **Porque en el medio del sufrimiento humano siempre hay una enorme oportunidad de ser testigos y de asistir con el desborde del Espíritu de Dios para todos.** Si deseamos experimentar una mayor unidad interna con el Espíritu, también debemos permanecer abiertos para apoyar nuestra conexión hacia el exterior. Debemos tener la voluntad de hacer por los demás lo que Dios, a través del Espíritu, haría a través nuestro, utilizándonos como su expresión.

Debemos abandonar cualquier patrón que nos impida vivir de acuerdo con el Espíritu, de ser el conducto de la intención de Dios a través nuestro.

Estamos aprendiendo cómo abandonar los estándares antiguos para poder participar en la manifestación del amor de Dios en el planeta. Al hacerlo, generaremos la energía y las respuestas necesarias de La Luz a aquello por lo cual clama la gente. **Cuando tenemos la voluntad de manifestar las bendiciones de amor, cuidado y participación, se manifestarán otras bendiciones del Espíritu, como mayor salud, riqueza, felicidad, etc. Esa es la gracia en acción.**

Si te vas a dedicar a una vida más espiritual, eso implica que te vas a dedicar a lograr un nivel de vida y amor más alto. ¿Se traduce esto en mejores muebles, mejor comida sobre la mesa, mejores ropas, un automóvil más lindo y amigos más simpáticos? Sí, eso puede ser una parte. Se trata de un mejor estándar de vida en todos los aspectos. Cuando se trata de Dios, se trata de una fuente ilimitada con posibilidades ilimitadas.

Hay algo más que acompaña la dedicación a elevar el estándar de vida en todos los aspectos: la decisión de elegir un nivel más alto en *cada uno* de los aspectos de la vida.

Comienza contigo y termina contigo. Y también incluye todo lo del medio. A medida que continúas elevando el patrón de cómo vives tu vida, tendrás una responsabilidad mayor de someterte a los estándares más altos. Hay sacrificios que acompañan esta acción, desafíos que te confrontarán a medida que elevas tus patrones, que requerirán paciencia y tu voluntad de dejar atrás los estándares más bajos.

Explicado sencillamente, debes suscribirte a, y tener la voluntad de mantener los patrones más elevados en todo lo que haces, sin que importen las condiciones, y especialmente la voluntad de dejar ir el pasado. ¿Estás dispuesto a dejar ir el pasado?

Lo que aceptas en este momento—la forma en que vives de ahora en adelante—determina cuáles serán tus estándares de vida.

Al rendir culto al Dios adentro de nosotros adoptamos automáticamente los niveles de vida más elevados, que serán la consecuencia de nuestra transformación espiritual. Es importante que te des cuenta de que Dios transformará tu vida, tal como lo prometen las escrituras, cuando busques "...primero el reino (de Dios)...y todas estas cosas se os darán por añadidura".[1] Dios es quien nos ordena que abandonemos todo lo demás, para que podamos buscar su reino. En el proceso de abandonarlo todo a Dios, nos ubicamos en una línea directa para recibir la herencia divina que es nuestro destino mientras vivimos aquí, en el mundo. Debemos aprender cómo actuar de acuerdo con las bendiciones de Dios, para que se puedan manifestar.

Uno de los milagros de Dios es que hay espacio para que cada uno de nosotros se ubique en línea directa para recibir las bendiciones que son nuestra herencia divina. Podemos compartir, y compartimos los patrones de vida elevados que Dios ya ha establecido en el Espíritu en la forma de las bendiciones que están a la espera de nuestra participación. Gozamos de acceso directo a las bendiciones ahora. **Nuestra tarea es dejar de tomar decisiones que nos limiten, y comenzar a tomar decisiones que manifiesten las bendiciones.** A medida que cada uno de nosotros lo hace individualmente, lo haremos por otros,

1. Mateo 6:33

porque las bendiciones están diseñadas para compartirse. Cuanto más elevemos nuestros estándares, más los elevaremos los unos por los otros, y todos juntos.

La elevación de los estándares comienza por donde vives. Asegúrate que te estás ocupando de los niveles básicos. Los patrones básicos incluyen pagar las cuentas, cuidar tu cuerpo, lavarte los dientes, darles un beso a tus hijos antes de irte a dormir, llevarte bien con los vecinos y, en general, dejar las cosas mejor de lo que las encontraste. Aprende a aprovechar al máximo y disfrutar de lo que ya tienes.

Manifestar las bendiciones no es muy complicado, ni difícil. Elimina lo que no te sirve o lo que no estás utilizando activamente. Da y comparte con alegría. Recibe con gracia. Pide disculpas. Adórnate primero con la belleza interior, para que la belleza exterior goce de los beneficios de tus mejores intenciones. Contribuye más de lo que tomas. Haz cada lugar que encuentras mejor de lo que lo hallaste. Sé una fuente abundante de buenas noticias hacia y desde Dios. En pocas palabras, deja ir y deja hacer a Dios.

Baruch Bashan.

Una bendición del Señor, tu Dios

PODEMOS LLAMAR A DIOS como nuestro Señor—y me refiero a hacerlo personalmente para cada uno de nosotros como una comunicación directa, una comunión—y de la misma manera Dios puede llamarnos más a menudo. Me gusta la palabra Señor cuando me refiero a Dios, porque es personal e impersonal al mismo tiempo. El Señor significa aquel que está a un nivel más elevado, o al más elevado de todos, y quien está entre nosotros o con nosotros de una manera personal, directa.

No importa cuál sea tu fe personal, considera que nuestro verdadero Señor es un amigo mutuo, un amigo de todos, un Señor que es el amo supremo y también el siervo supremo de cada uno de nosotros. Nos toca tanto seguirle como que nos siga. Nuestro Señor mantiene implacablemente los patrones más altos, que son incorruptibles. ¿Quisieras tener un Señor que fuera corrupto, que mintiera y engañara, o que traicionara y te abandonara? No cuando tienes un Señor inmaculado, que nos puede guiar perfectamente y a quien podemos seguir hacia el Espíritu.

¿Cuán bien conoces al Señor, tu Dios? ¿Estás dispuesto a elevar tus estándares al nivel de los estándares del Señor? ¿Estás dispuesto a acercarte al semblante del Señor, a su presencia misma que te transmite lo Divino directamente?

Como humanos, cuando nos suscribimos a los estándares de vida del Señor, a menudo nos equivocamos, elegimos la falta de alineación en lugar de y a pesar de nuestras mejores intenciones. Debido a nuestra ignorancia, y a causa de nuestro dolor desesperado o nuestro miedo, tal vez nos hayamos burlado, o hayamos desdeñado o maldecido al Señor. Da gracias a Dios que la presencia del Señor es incorruptible e indestructible. El Señor con quien estamos trabajando no "te castiga" por tus reacciones o tus maldiciones. Hay una ley de la realidad que se asegura que todas nuestras creaciones sean tomadas en cuenta, de manera que lo que sembramos, recogeremos. Somos responsables por nuestras acciones, así que nuestra vida se manifiesta de acuerdo con nuestras elecciones.

Nuestro Señor, el de todos nosotros, que ya ha triunfado venciendo en el mundo, es una consciencia llena de gracia y perdón por nuestras transgresiones, quien ha demostrado y nos muestra cómo trascender lo que hemos creado bien o mal, como sea el caso. Así como en lo profundo del corazón de cada padre existe el amor por su hijo, El Señor nos ama a todos, sin que le importe cómo somos.

La auténtica espiritualidad es una veneración viviente que te sigue a todos lados. A donde vas, veneras. De la manera que lo sabrás mejor es cuando estás solo y piensas que no hay nadie cerca. Entonces sabes cuál es tu nivel de relación con El Señor. Tal vez pienses que como El Señor te va a perdonar, puedes bajar tus estándares, o engañar.

No puedes realmente burlarte del Señor, pero puedes burlarte de ti. Tal vez quieras considerar cuál de los seres, cuál de los niveles será el burlado. Burlarse, en este caso, es tratar de imitar o remedar. El ser falso, no El Señor o tu verdadero ser, es el que quedará burlado por tus intentos de engañar o no mantener los estándares de vida más elevados que todos tenemos oportunidad de elegir. Tratar de hacerlo termina afectando al instigador.

Tengo un mensaje para ti. Puedes decidir de quién proviene:

Te amo.
Estoy siempre contigo.
Abrete a La Luz y al Sonido que percibes.
Escucha tu corazón, porque es allí donde estoy.

Me gusta estar cerca de ti, para tomarte en mis brazos, y me gustaría que tú me tomaras a mí en tus brazos, para que podamos abrazarnos. No hace falta que tengamos una razón.

No necesitas demostrarme cuán bueno eres. Ya lo sé. Se te creó bueno. Bueno es todo lo que somos juntos. No nos molestamos en hacer nada que esté por debajo del bien.

Hay un lugar preparado. Haremos lo posible por hacer tu vida mejor y darte lo que viniste a buscar aquí.

Puedo hacer todo lo que me permitas. Puedo ayudarte mucho. La consciencia que yo soy está siempre presente, siempre a tu alrededor. Esa es la consciencia que tú eres. Estamos haciendo esto juntos.

Tu vida es un regalo; dala con libertad, con abandono. Cuando estás en tu peor momento yo estoy en mi mejor momento. Ten paciencia. Las cosas siempre están funcionando de la mejor manera posible. Haz tu parte.

Cuando ves al Señor, alcánzalo. El Señor está preparado para acompañarte, y va a donde tú vas. No hay nada malo en este mundo. Es absolutamente perfecto. No te preocupes por lo que ves o por lo que te perturba. Ten en cuenta que es una llamada para que entres, te eleves y participes en el trabajo del Señor.

Una bendición de paz

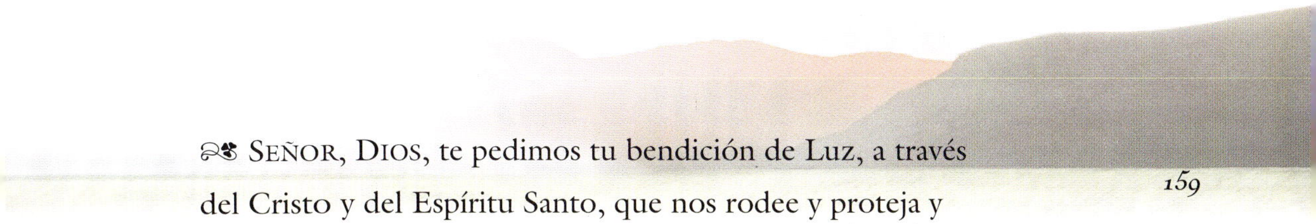

SEÑOR, DIOS, te pedimos tu bendición de Luz, a través del Cristo y del Espíritu Santo, que nos rodee y proteja y llene a cada uno de los que estamos aquí reunidos, que santifiques este lugar y a cada uno de nosotros para que podamos dejar ir cualquier negatividad hacia esta Luz, y nos transformemos en instrumentos de La Luz anclándola en la tierra, en su mismo centro, irradiando como una columna que atraviesa este lugar en que estamos reunidos y a su alrededor, hacia la gente, hacia lo que esté presente para que se absorba y transforme en La Luz.

Vemos esta Luz resplandeciente, iluminando, haciendo todo bello, limpio y claro. La vemos en sus manifestaciones más pequeñas y en las más grandiosas afectándolo todo, de manera que todo el planeta está iluminado y resplandeciente a través de La Luz del Espíritu Santo, y la presencia de la paz se manifiesta más.

Nosotros, en nuestra sencilla humanidad, estamos aquí para servir, y en este momento nos ofrecemos como instrumentos de tu paz y de tu acción amorosa. Nos entregamos a tu voluntad, porque tú sabes lo qué es mejor. Tú conoces nuestros corazones y los problemas que todos tenemos. Tú sabes lo que La Luz necesita y puede hacer. Nos ofrecemos libremente. Te pedimos un cambio de consciencia que nos aproxime al bien mayor para todos, que esta acción se lleve a cabo al nivel más alto y de la mejor manera, para que la gracia se extienda. Que seamos parte de una nueva paz, de la cual se habló hace mucho tiempo, una paz de Dios en la cual todo se unifica en amor y armonía, y pedimos que se haga presente hoy y para siempre.

Y ahora dejamos que nuestras voces canten tu nombre, que nos transformemos en tu vibración santa, la que oyen todos aquellos a quienes llamaste, todos los que te han visto cara a cara. Transformémonos en esa vibración y sonido santos, irradiando como un manantial que surge en pureza, que nos baña a todos en tu Luz y amor, curándolo todo, perdonándolo todo, renovándolo todo, y que nos regocijemos aquí en celebración, que oigamos un coro santo cantando una melodía celestial.

Transformémonos en tu silencio.

Y te oímos decir:

"Que la paz sea contigo, Bienamado. Que la paz sea con todos".

Baruch Bashan.

تا کی این همه با تو دم زنم

"Participando en Cristo nos hacemos de Cristo."

ROGER BACON

Capítulo Once

La bendición de la unción de Dios

Cuando el Espíritu toma a uno de nosotros, nos toma a todos.

A MEDIDA QUE DESPERTAMOS a La Luz, comenzamos a dirigir nuestra atención más hacia La Luz. Esto puede ser tan sencillo como hacer algo bueno en el mundo. Cuando nos ponemos en contacto con La Fuente de La Luz, podemos traer más Luz al mundo y a nosotros físicamente. Esa es la práctica de acercarnos a Dios y al Espíritu: ponernos en contacto con esa Fuente de Luz.

Este contacto y esta conexión representan una consciencia que va hacia Dios. Va hasta el final. ¿Qué hace esa consciencia (o energía) cuando llega a la tierra? Se manifiesta materialmente a través de una forma, como un cuerpo.

Es así como comienza. Hace falta solamente uno. Pero **cuando el Espíritu toma a uno de nosotros, nos toma a todos.** Esa es la forma en que funciona. Es una consciencia en la que todo se dirige hacia Dios. Cuando nos ponemos en contacto con esa consciencia tenemos la oportunidad de regresar nuestra atención más completamente al Alma, y trascender toda la negatividad.

Este contacto completo ya ha sido logrado, entre otros por Jesús el Cristo. Aunque hubo otros antes que él, fue Jesús el que estableció el acceso al nivel del Alma. Una vez que lo hizo, quedó hecho para todas las Almas. Todas las Almas están salvadas. Ninguna Alma se perderá. Antes de ese momento estábamos confinados a nuestra negatividad, y necesitábamos deshacernos personalmente de nuestra negatividad y pagar nuestras deudas antes de lograr acceso a la consciencia más elevada de Dios. Estábamos atados a la ley de causa y efecto y karma. Esa es la Ley de Moisés: "Ojo por ojo y diente por diente".[1] Jesús, gracias a la unción de Dios, nos trajo a todos la gracia y el potencial de entrar al nivel del Alma.

No somos nosotros quienes controlamos el acceso a Dios. Somos solamente participantes. Cualquiera que sea la forma en que logres hacerlo, ¡hazlo! Ese es publicidad para Dios, para tu herencia espiritual y para tu Alma. Si logras encontrar una forma de hacerlo, hazlo.

Estoy aquí para decir que hay una forma. Estoy dedicado a ello, y porque existe esa dedicación es como si estuviera golpeando la puerta y diciendo: "Dios, ¿puedo volver a casa ahora?" A través del Cristo quedó establecido que la puerta se tiene que abrir, así que La Luz no se rehusará a ningún Alma que la pida.

Se dice que Jesús murió por nuestros pecados. Esa es una interpretación. Se entiende que la crucifixión revela el amor que lo sacrifica todo en este mundo y

1. Mateo 5:38; Exodo 21:24

que nuestra Alma no queda destruida. Considero que es más correcto decir que Jesús vive para nuestra Alma. Como Almas, nos liberaremos de nuestras transgresiones y aceptaremos la unción de Dios que es el verdadero "bautismo", que nos da el que nos unge. Ese es el significado del término hebreo "Mesías". Lo que dice en realidad es: "Acepto mi unción de Dios".

Personalmente, me encanta la idea de aceptar la unción. El ritual de ungir se asocia a menudo con la zona de la cabeza, típicamente con un aceite que ha sido bendito. ¿Te parece que es el aceite el que hace la unción, o supones que es la energía? ¿Y de dónde o de quién proviene la energía de la unción?

Cuando alguien es ungido, la unción está a disposición de aquellos que se presenten a recibirla. Pones tu cabeza a disposición, aunque en realidad todo tú serás ungido. Durante la Ultima Cena con sus discípulos, Jesús ungió sus pies, generalmente la parte más sucia del cuerpo. Cuando Jesús lo estaba haciendo, Pedro protestó: "'Señor, ¿tú me vas a lavar a mí los pies?' Jesús le respondió: 'En efecto, lo que yo hago no lo entiendes ahora; lo entenderás después.'" Y Pedro le respondió algo así como: "Si así es, entonces no solamente me laves los pies, lávame todo el cuerpo".[2] Esa es la verdadera unción, de la cabeza a los pies.

¿Qué es la unción? Es una bendición del cuerpo y una bendición de la consciencia que los devuelve a su

2. JUAN 13:4-9

estado original, el estado de Dios en lo más alto. Es disolver lo que no está limpio, lo impuro. Esa es la unción de Cristo. Cuando le sucedió a Jesús se oyó una voz que dijo: "Este es el Hijo mío, el predilecto; en él he puesto mi complacencia".[3] No importa de qué sexo seas. Que seas mujer u hombre no tiene más importancia para el Espíritu que el resultado de arrojar al aire una moneda. Si para recibir la unción necesitaras "convertirte" de hombre a mujer o viceversa, ¿aceptarías o protestarías? Considera el cambio necesario para quedar limpio y puro.

Cuando Jesús intervino frente a la mujer que iba a ser apedreada y dijo: "El que de vosotros esté sin pecado, tire él primero sobre ella una piedra", sabía cuál sería el resultado. Sabía que, como seres humanos, todos pecamos. Todos tenemos imperfecciones. Eso no es una preocupación para Dios; de hecho, es parte del plan divino. Vinimos hacia la imperfección cuando vinimos a un mundo de negatividad. Lo importante de esta historia es lo que sucedió cuando nadie arrojó una piedra.

"Jesús le preguntó a la mujer:

—¿Nadie te ha condenado?—.

—Nadie, Señor—respondió ella.

—Tampoco yo te condeno—dijo Jesús entonces— anda y no peques más".[4]

Podemos pensar: "Para ti es fácil decirlo, Jesús". Sin embargo, esa es la orden de la unción. Aunque deseemos lograr nuestra perfección, como seres humanos seguimos

3. Mateo 3:17

4. Juan 8:3-11

siendo imperfectos. Yo tengo imperfecciones. Yo cometo mis transgresiones. Soy humano. Todos somos humanos.

A veces la gente trata de imponerme exigencias. Dicen cosas como: "Se supone que debes ser espiritual. Enseñas a la gente a ser espiritual. Por lo tanto, eres perfecto". Yo soy un ser espiritual que se expresa, también, como un ser humano. Soy humano, pero sé dónde rendir culto. Rindo culto en la perfección del Espíritu, del Alma en mí. Me declaro perfeccionado por Dios, y lo mismo te pasa a ti. Dios hace el trabajo, y aún no lo ha terminado. Dios no ha terminado conmigo todavía, así que no interfieras porque la perfección está por llegar. En este nivel mi tarea en la vida es completar. Una vida bendita es una vida completa. Una bendición otorgada a tu vida es como una semilla que ha sido plantada: ten paciencia, y date la oportunidad de crecer hasta completar.

Baruch Bashan.

Una bendición del Cristo

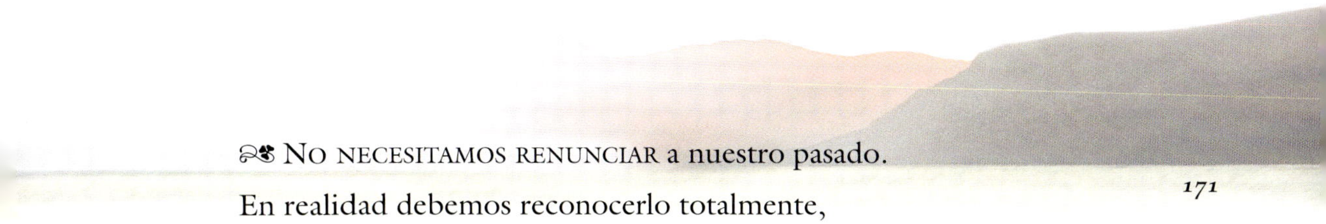

NO NECESITAMOS RENUNCIAR a nuestro pasado.
En realidad debemos reconocerlo totalmente,
como si dijéramos: “Yo hice todo eso”.
Y nos rendimos en el Cristo,
como una bendición para vivir en la verdad que es el amor
incondicional de Dios,
    perdonando todo,
    aceptando todo,
    bendiciendo todo.

Y si aceptamos el desafío de ir adelante hacia el Cristo,
nos dedicamos a la vida del amor incondicional,
a perdonar todo,
una vida que nos eleva de donde estamos,
que ve lo bueno en toda la gente y en todas las situaciones,
que confía en Dios, el que nos provee de todo,

la fuente infinita de suministros,
de bondad infinita,
que nos renueva cuando estamos cansados,
nos fortalece en nuestra debilidad,
nos cura en nuestro dolor.

Somos nosotros quienes hacemos el camino accesible para El Señor.
No importa cómo nos hayamos conducido hasta ahora,
porque el Cristo viene a aquellos que han pecado y transgredido.
Inspiramos este Espíritu Santo.Espiramos nuestro perdón por todas las cosas.
Inspiramos nuestra dicha.
Espiramos nuestra tristeza y dificultad, dejando que todo se vaya.
Inspiramos la paz de Dios, y espiramos esta paz hacia todo.

Ahora considérate en comunión con El Señor,
que puedes decir lo que quieras
y oír las palabras que dice El Señor.

Tal vez oigas al Señor decir:
"El amor es el Sendero".
Comienza adentro,
ese es el camino interno,

y mientras estás en el mundo, practica el amor de Dios.
No es suficiente ver el rostro de Dios.
Vive esa realidad.
Entonces te encontrarás en el rostro de Dios.

Amar a alguien es ver el rostro de Dios.

Baruch Bashan.

"Adentro de esta jarra de arcilla hay cañones
y montañas con pinos, ¡y el que hizo los cañones y las
montañas de pinos!
Los siete océanos están adentro, y cientos de millones
de estrellas.
El ácido que prueba el oro está allí, y el que
juzga las joyas.
Y la música de las cuerdas que nadie toca, y la
fuente de toda el agua.
Si quieres la verdad, te diré la verdad:
Amigos, oigan: el Dios a quien amo está adentro."

KABIR

Capítulo Doce

La bendición de la presencia de Dios

Tal vez nos podamos ahorrar el viaje de buscar nuestra esencia afuera de nosotros, aceptar que está adentro y, sencillamente, sentarnos, ir adentro,
y tener la experiencia del esclarecimiento.

LA PELÍCULA *HERMANO SOL, HERMANA LUNA* es la historia de San Francisco de Asís. En un momento de la película San Francisco dice: "Somos un grupo de hombres que somos amantes de Dios". Siento empatía no solamente por esa frase, que se atribuye a San Francisco, sino también por algo mucho más profundo y más difícil de expresar en palabras.

Quienes estamos comprometidos directamente con el Espíritu somos amantes de Dios, el Dios de todos nosotros. En otras palabras, una vez que despertamos al Espíritu de Dios, nos transformamos en amantes de Dios. La Biblia nos dice: " Dios es amor; y el que permanece en el amor, en Dios permanece, y Dios en él".[1] Eso significa que "el Dios que mora en cada uno de nosotros ama a toda la creación", a todos y a todo sin excepciones. El Dios morador ama al peor de los pecadores. El Dios morador ama al más despreciable de los seres humanos. Dios nos da un gran ejemplo

1. 1 JUAN 4:16

que todos tratamos de practicar, que es amar a toda la creación sin excepciones. Jesús, cuando vivió físicamente en la tierra, fue ciertamente un ejemplo de alguien que vivió su vida de esa manera. Hay muchos otros.

¿De qué sirven la historia de la vida y las enseñanzas de Jesús el Cristo, o de cualquier otro ejemplo de Dios viviendo en la forma humana, si no son aplicables a nosotros como individuos? Si pertenecen a un tiempo que ya pasó, es realmente una pérdida de tiempo tenerlas en cuenta. Una parte importante del significado de la vida de Cristo va mucho más allá de la redención de las transgresiones que cometemos durante nuestra existencia en este mundo. La vida de Cristo es una demostración de cómo el Espíritu—El Espíritu Santo—vive en la carne, en la forma humana. El mensaje del Cristo es amarnos unos a los otros y amar a todas las cosas, como Dios amaría en la carne, adentro de cada uno de nosotros. **El Cristo vive continuamente, en cada momento, mediante nuestra voluntad de amar incondicionalmente.**

La oportunidad de reclamar las bendiciones de Dios está presente aquí y ahora. Está a nuestro alcance, y la podemos alcanzar. Está viva. ¿Estás conduciendo tu vida de tal manera que estás dando vida a las bendiciones? ¿O conduces tu vida de manera que las bendiciones parecen inexistentes, débiles o frágiles?

Tienes el potencial de despertar totalmente a las bendiciones adentro de ti y darles vida en tu consciencia y en la expresión de tu vida. Te despiertas a las bendiciones cuando te ubicas en la consciencia espiritual que mora en ti.

La Biblia con la cual crecí habla de dónde podemos encontrar a Dios. Es en el mismo lugar donde está el reino de Dios. "...el reino de Dios está en medio de vosotros",[2] y "Dios es espíritu y los que lo adoran deben adorar en espíritu y verdad".[3] Lo que está sucediendo en el mundo es un proceso interno. Veamos si podemos demostrarlo.

¿Dónde estás leyendo estas palabras en este momento?

¿En el papel que está afuera de ti? ¿Qué pasa si cierras los ojos? No verás las palabras, por supuesto, a no ser que tengas la habilidad de retener la imagen del papel para que tu mente lo "vea". Eso es porque, en realidad, tienes la experiencia de lo que ves adentro de ti. Cuando cierras los ojos, dejas de ver las palabras impresas en el papel, porque donde ves lo impreso es adentro de ti. *Donde* tienes la experiencia de la vida es adentro. Tienes la experiencia de Dios adentro. **¿Y si la gran broma de Dios es esconderse adentro de nosotros y adentro de todas las cosas del mundo?**

Siddhartha, el Buda, hizo un largo viaje en búsqueda de Dios, la esencia de la vida, y en el proceso se cansó mucho. Un día, dándose más o menos por vencido, se sentó debajo de un árbol. En ese momento apareció lo que estaba buscando. En ese momento recibió la iluminación que perseguía.

Tal vez nos podamos ahorrar el viaje de buscar nuestra esencia afuera de nosotros, aceptar que está

2. Lucas 17:21
3. Juan 4:24

adentro y, sencillamente, sentarnos, ir adentro, y tener la experiencia del esclarecimiento.

Ubicar nuestra consciencia espiritual interna no es distinto de lo que hizo Siddhartha. Es un proceso de dejar ir el mundo exterior e ir hacia los mundos internos, o hacia la experiencia interna.

Cuando nos presentamos a La Luz (lo cual describí en el Capítulo Dos), estamos pidiendo una mayor presencia del Espíritu. Es como una broma, porque el Dios con el cual nos manejamos es omnipresente, está siempre presente. **¿Cómo puede Dios hacerse *más* presente si ya es omnipresente? Tal vez la realidad es que nosotros nos hacemos más presentes. Cuando nosotros nos hacemos más presentes, Dios se hace más presente en nuestra experiencia.**

La verdadera broma es cuando pensamos que Dios no está presente y rezamos algo así: "Dios, deja de hacer lo que estás haciendo y ven aquí y préstame atención". Algunas veces nos comunicamos con Dios como si fuera el "botones del cielo", como si Dios estuviera a nuestras órdenes en lugar de estar nosotros a las órdenes de Dios. Y aunque la gran verdad es que estamos a las órdenes de Dios, cada vez que llamamos, hagamos lo que hagamos, Dios mira, oye y responde.

Cuando hacemos una invocación (cuando "pedimos La Luz"), estamos llamando a Dios, pidiendo una presencia particular de Dios. Y tenemos la oportunidad de ver si se hace presente o no. Si comenzamos entonces el proceso de llamar el nombre de Dios, utilizando por ejemplo el Ani-Hu (un antiguo nombre de Dios que se pronuncia "anai-jiu"), estamos reconociendo que sabemos el nombre de Dios. Esa es una proposición muy audaz. ¿Se hace Dios más presente como resultado de nuestra repetición de su nombre? La respuesta es que es algo totalmente entre tú y Dios. No importa la experiencia que tengan los demás; tú tienes tu propia experiencia directa con Dios.

Ubicar la consciencia espiritual es una experiencia que implica ir a la parte más grande de Dios e integrarla a tu verdadero ser. Lo opuesto es intentar ser algo que no eres; todos lo hemos hecho en algún momento de nuestras vidas. Es parte del proceso de ser humanos, e indica que estamos venerando algo que está por debajo del Dios que está en nosotros.

Dale gracias a Dios que existe el perdón, y alguien que nos perdone. Decimos "disculpe" cuando cometemos un error. Es como decir "perdóneme". Si entro a un ascensor y piso a alguien, tal vez le diga: "Disculpe", o "Perdóneme". Es un reconocimiento de que puse un pié donde no debería haberlo puesto, y estoy tratando de recuperar el equilibrio por el error que cometí.

Queremos que se nos perdonen nuestros errores, pero ¿estamos dispuestos a perdonar los errores de los demás? Hay gente que conduce su vida así: "Si me obligas a cambiar de carril con tu automóvil, yo te voy a hacer cambiar de carril con mi automóvil". Eso es regresar a la forma de vida arcaica basada en "ojo por ojo y diente por diente".[4] Es también la ley que nos ata a este mundo y nos condena a alguna forma de castigo: "...todos los que usan espada, morirán por la espada".[5]

Estamos esforzándonos por vivir bajo la gracia cuando pedimos perdón y damos perdón. ¿Hay excepciones? No, a no ser que quieras caer bajo la ley que nos ata. Las escrituras nos dicen: "No juzguéis, y no seréis juzgados; no condenéis, y no seréis condenados; perdonad y se os perdonará".[6] Perdonamos incondicionalmente, como Dios nos perdona incondicionalmente.

La gente cree que hay algunas cosas que son imperdonables e inolvidables, y a menudo se erigen en juez, jurado y verdugo. Es muy presuntuoso por parte de la gente juzgar a otros o juzgarse a sí mismos. La presunción es: "Sé lo suficiente sobre tu vida en todos los niveles y en todas tus existencias para decidir el juicio. También quiero administrar el juicio. Soy el verdugo, y voy a castigarte".

Sin embargo, la tarea del verdugo no es placentera. ¿Te has dado cuenta de que cuando entras en una situación de castigo, de alguna manera tú también terminas siendo castigado? Es una señal de Dios para que te despiertes. Te esperan cosas mejores. Eres un co-creador, así que tienes permiso de crear lo que elijas. Si eliges ser verdugo, te asignas la posición de verdugo. Un día tal vez te des cuenta de que estás harto y cansado de la manera que estás castigan-

4. Mateo 5:38; Exodo 21:24
5. Mateo 26:52
6. Lucas 6:37

do tu vida, para tu desventaja. Tal vez te des cuenta de que no es necesario que seas juez, jurado y verdugo, y comiences a reconocer que tienes mejores opciones. Puede ser que invoques una forma más elevada, tal vez diciendo sencillamente: "¡Ay, Dios, ayúdame por favor!" Probablemente hayas pasado momentos de rodillas, rogando a Dios. **Es durante tus peores momentos que Dios está más disponible para ti.** Es importante que todos nos demos cuenta de esto.

He aquí una forma de verificar lo que está pasando con Dios y con el Espíritu. Tal vez no hayas hecho esto desde la última vez que estuviste "de rodillas". Recuerda por qué estabas de rodillas—por qué estabas rogando—y revisa tu vida desde entonces. ¿Te acercaste a Dios a partir de ese momento? Esto no significa necesariamente que se te otorgó lo que querías, y tal vez desees considerar si lo que pedías era de verdad lo mejor para ti. Pero si te acercaste a Dios, entonces te sugiero que tu oración fue contestada, y que tu vida se ha enriquecido a partir de entonces. **Si estás buscando un parámetro para evaluar si estás más cerca de Dios, todo lo que necesitas considerar es si estás siendo más amoroso contigo y con tu vida en este mundo.**

Vivir una vida bendita representa el proceso de acercamiento a Dios. Dios está siempre presente, aquí y ahora. Cuando venimos al mundo nos apartamos de la consciencia de Dios, y lo vemos como una experiencia de separación. Hasta cierto grado sé que sabes de qué estoy hablando, ya que parte de ser humano es tener la experiencia de separación. Ser un Alma en la forma humana es volver a tener la experiencia de Dios adentro, y tener la experiencia de Dios en todas las cosas. Ubicar tu propia consciencia espiritual interna es el proceso de hacerte uno con Dios.

La fuente de Dios no está en el mundo exterior. No es como el Mago de Oz. Hay quienes pretenden que es así cuando buscan a Dios sentado en un trono en algún lado, en la cima de una montaña o en una caverna. Es una búsqueda inútil. No cabe duda de que esa búsqueda te desilusionará.

La desilusión es una bendición. Da las gracias cuando se disuelvan tus ilusiones, aún cuando el resultado sea que te caigas de una torre de marfil, o de posiciones de reconocimiento. Si ganas el mundo y pierdes tu Alma, ¿qué has ganado? Nada. Eventualmente vas a perder el mundo de cualquier manera. Es una conclusión garantizada, inevitable, ya sabida. Pero si ganas tu Alma mientras pierdes el mundo, has ganado quien eres.

¿Para qué tratar de poseer algo que vas a tener que dejar atrás? Jesús el Cristo lo dijo claramente: "Buscad primero el reino (de Dios) y su justicia, y todas estas cosas se os darán por añadidura".[7] El desafío entonces es permanecer libre mientras todas las cosas se te dan por añadidura, no sea que te quedes atrapado una vez más en las mismas cosas que te atarían al mundo.

7. Mateo 6:33

¿Qué experiencia tenemos cuando nos dedicamos a buscar a Dios primero? Atraemos amor, cuidado y participación (compartir); salud, riqueza y felicidad; tesoros, abundancia y prosperidad. Cuando buscamos totalmente a Dios, Dios nos bendice totalmente. Esa es mi experiencia. No pares antes de llegar a Dios en su totalidad. Eso no sucede completamente hasta que dejes este mundo.

Mientras tanto, haz que las bendiciones de Dios sean tan ciertas que estén totalmente vivas y llenen tu vida. Las bendiciones de Dios están en todos lados y en todo. Dios es amor. **Cuando tu vida está llena de amor, tu vida está totalmente bendita. La tarea es siempre caminar por el sendero del amor en todas sus formas.**

Baruch Bashan.

Una bendición de gracia y amor

Dios tiene un plan para ti.
Es un plan de seguros que se llama gracia.

La gracia es la acción de Dios que te lleva de regreso al hogar
a pesar tuyo,
a pesar de tus condiciones.

La gracia está a tu disposición aún por aquellas acciones
sobre las que dijiste:
"Yo no haría eso",
y lo hiciste de todas maneras,
no solamente una vez, sino una y otra vez.

A pesar de todo eso, puedes entregarte a Dios
completamente, o tanto como puedas a cada momento.
Haces lo mejor que puedes porque Dios entiende.

No importa dónde te encuentres,
no importa lo que haya pasado,
no importa cómo te metiste en eso,
cómo sea de enredado,
cómo de complicado, mal entendido, mal concebido,
mal alineado,
no importa qué,

Dios entiende,
y la gracia de Dios siempre se te extiende.

¿Cómo entras en la gracia?
Ama a Dios.

¿Qué quiere decir?
Ama todo.
Comienza donde estás.
Comienza contigo.
¿No es sorprendente que se haya diseñado de esta manera,
que comienzas donde estás ahora,
contigo?

Eso es lo que harás de ahora en adelante,
en tu camino al hogar, a Dios.

Te darás cuenta:
"Lo que me permitió regresar al hogar, a Dios,

es que lo amé todo.
No importa lo que se me haya presentado,
no importa lo que estuviera presente,
no importa lo que pasara,
    lo que hice,
    o lo que ellos hicieron,
me acerqué al amor
y seguí adelante".

¿Cómo sería si tu vida en este mundo fuera tan sencilla
    que requiriera solamente una elección?
Solamente una.
Y la elección es el amor.

Haces esa elección una y otra y otra vez
hasta que se convierte en quien eres a cada momento.

Cada vez que te miras, miras el amor.
Cambias tu identidad para que se transforme en amor,
de manera que en el único lugar que puedes encontrarte
    es en el amor.

Entonces te transformarás en Dios.
Cumplirás con tu herencia,
    tu destino,
    lo que viniste a hacer aquí.
Vivirás aquí y en el Espíritu al mismo tiempo.

El Espíritu está contigo, absolutamente, cien por cien.
Es tu aliado y tu amigo.
Va a hacer todo lo que necesites.

Llámalo, y preséntate al Espíritu.
Cárgate con la energía del Espíritu.
Infúndete de Espíritu.
Vive a la manera del Espíritu.

Esa es la manera que te lleva a través del sonido de Dios,
    el nombre de Dios,
    la palabra de Dios.

Se te ofrece abiertamente.
Se da libremente.
¿Estás eligiendo libremente?

Cuando eliges libremente la gracia de Dios,
llamando el nombre de Dios
    mañana, tarde y noche
    y constantemente entremedio,
entonces te infundes de Dios.
Te haces uno con Dios.

También descubres que todas las condiciones son
bendiciones,
que no hay condición que no sea una bendición de Dios,
y que quien eres
es el amor incondicional de Dios.

Baruch Bashan.

Una bendición de rededicación

PADRE-MADRE DIOS, te pedimos que te armonices con nosotros en este momento.

Que nos traigas La Luz de la consciencia más elevada,
La Luz del Espíritu,
del ungido,
que esta Luz pase a través de cada uno de nosotros,
llenándonos, rodeándonos y protegiéndonos,
que La Luz traiga verdad,
que sea testigo de quiénes somos.

Pedimos aclaración, purificación y limpieza
de cualquier negatividad,
cualquier perturbación,
en cualquier nivel.

Abrámonos a recibir y a armonizar,
para dejar ir aspectos de incredulidad o creencia,
para que nos presentemos a ti abiertos e inocentes.

Damos gracias por la santidad que está presente aquí.

Padre, una vez más te pedimos que tu bendición llegue a cada
uno de nosotros,
a nuestras consciencias, donde nos encuentras,
para guiarnos hacia tu camino.

¿Nos asistirías ahora a liberarnos de aquellos
lugares a los cuales nos hemos atado?
Donde hemos puesto restricciones o bloqueos,
haz que sean eliminados y liberados.

Preséntanos tu compasión,
tu perdón,
y conviértenos en tu esencia más elevada.

Déjanos cantar tus alabanzas, sabiendo que tu voluntad se está
cumpliendo perfectamente,
que todo se ha transformado en bueno,
y, por lo tanto, que es momento de bienestar y gratitud.

Déjanos ser quienes nos transformemos en instrumentos de
tu voluntad.

Permite que tengamos el deseo que es de tu consciencia.
Danos la fuerza y la resolución de llevar adelante estas bendiciones,
y haznos conocer la valentía que es del corazón,
que caminemos fuertes y firmes,
alineados contigo todos los días de nuestra vida.

Baruch Bashan.

Una oración

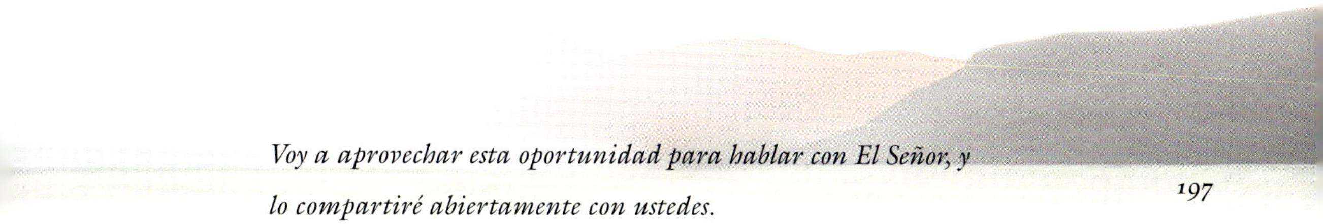

Voy a aprovechar esta oportunidad para hablar con El Señor, y lo compartiré abiertamente con ustedes.

SEÑOR, te doy las gracias por saber que estás presente, por la conexión continua que provees, que nos extiendes a todos nosotros de manera tan personal. Estoy agradecido por ser parte de tu familia de una manera tan íntima y personal. Estoy contento de ser una parte de este trabajo que sigue adelante, que se extiende hacia aquellos que están buscando esta consciencia que eres tú y todas las formas especiales que expresamos en el mundo.

Te pido que a cada uno de nosotros se le fortalezca en su conocimiento de esta conexión y que salga adelante en este día, este año, a través de nuestra vida entera, preparando el camino y bendiciéndonos. Cada uno de nosotros puede dejar ir cualquier tentación que nos acose y volver a ubicarnos en el conocimiento renovado, la comprensión de lo que estás haciendo con nosotros y lo que nosotros estamos haciendo contigo.

Te pido que esta bendición se extienda a todos los que forman parte del rebaño del Viajero, para que despierten en la forma que les sea propia. Te doy gracias por la perfección de cómo se hace todo, cómo se nos revela y cómo no se nos revela, como se sabe absolutamente en el Espíritu y cómo es un misterio en este mundo. Te doy gracias por lo común que reconoce tu presencia como Dios, para que podamos conocerla en la carne.

Te pido que nos renueves, que atraigamos nueva vivacidad y vitalidad al Espíritu, que las nuevas experiencias de dicha y regocijo se hagan presentes y que seamos un grupo, una familia, una comunidad que se regocija en el Espíritu y demuestra su presencia en todo. Y te pido que nos eleves en la gracia.

Así sea.

Baruch Bashan.

MAS BENDICIONES

Muchas de las bendiciones incluidas en este libro son extractos del trabajo más amplio de John Morton. Y tal vez hayas notado que algunos de los otros trabajos de John, como cassettes y vídeos, fueron hechos en conjunto con John-Roger (J-R). La explicación es sencilla e interesante.

El trabajo que hacen John Morton y J-R es una expresión de una consciencia espiritual llamada El Viajero Místico. Las bendiciones y enseñanzas provienen de esa fuente, y tanto John como J-R tienen su forma particular de presentar esta información especial.

Si has disfrutado de este libro, tal vez quieras explorar las enseñanzas más a fondo a través del Movimiento del Sendero Interno del Alma (MSIA), del cual John Morton es el Director Espiritual. Te sugerimos los recursos que aparecen en la próxima página.

DISERTACIONES DEL CONOCIMIENTO DEL ALMA—Un Curso de estudio en el hogar para tu crecimiento espiritual.

El corazón de las enseñanzas de John-Roger, Las Disertaciones del Conocimiento del Alma brindan una manera estructurada y metódica de abordar la adquisición de una mayor consciencia de nosotros mismos y de nuestra relación con el mundo y con Dios. Cada año de estudio consta de doce lecciones, una para cada mes. Las disertaciones ofrecen una abundancia de claves prácticas para vivir con mayor éxito. Lo que es más, nos brindan claves para mayores conocimiento y consciencia del Alma.

$100.00 dólares estadounidenses por suscripción anual
Para pedirlas llamar al MSIA al 323/737-4055

CINTAS Serie del Alma en Trascendencia (SAT)

Estos casetes nos proporcionan una charla nueva de John-Roger cada mes, que versa sobre una gran variedad de tópicos, que van desde vivir prácticamente hasta la edificación espiritual. Además los suscriptores a las cintas SAT pueden adquirir cintas SAT de fechas previas a la suscripción corriente.

$100.00 dólares estadounidenses por suscripción anual.
Para pedirlas llamar al MSIA al 323/737-4055

AMANDO CADA DIA

Amando cada día es un correo electrónico diario del MSIA que contiene una cita o pasaje—de naturaleza elevadora—de John Morton o John-Roger, cuyo propósito es inspirar al lector y darles una pausa para reflexionar acerca del Espíritu interno.

Amando cada día está disponible en cuatro idiomas (inglés, castellano, francés y portugués).

La suscripción es gratis y disponible a la orden.

Para suscribirse, por favor visite nuestro sitio Web www.msia.org.

Agradecemos tus comentarios y preguntas. Contáctanos en:

MSIA
P.O. Box 513935
Los Angeles, CA 90051-1935
EE.UU.
alma@msia.org
www.msia.org

حرف و گفت و صوت را برهم زنم   تا که بی این هر سه با تو دم زنم

رومی

"Voy a arrojar lejos el sonido, la palabra y las cosas formales, para poder comunicarme contigo en otro plano."

تا که بی این هر سه با تو دم زنم

رومی